新 まるごと 5S 展開大事典

全部門・全員参加で進めるノウハウ

中部産業連盟 —— 編

日刊工業新聞社

はじめに

～5S活動を実際に展開する時に役に立ち、崩れない5Sに導く一冊になることを願って

最近、コンプライアンスや企業体質強化のためにも5Sの必要性を強く感じ、5S活動を推進する企業が極めて多くなってきている。中でも製造業および関連する物流、廃棄物の輸送、処理業において顕著である。

5S活動は単に企業の職場環境を良くする「美化運動」に留まらず、徹底的にムダを排除して、5Sの神髄である整頓でものの見える化を実現し、企業の経営体質のバロメータである管理・改善活動を着実に推進することができる組織体制の確立を目指した活動である。すなわち5Sは、企業のすべての管理改善活動の基本となるものであり、その最大のねらいは、5S活動を通した自主性の向上、良好なチームワークづくり、リーダーのリーダーシップの養成にある。

日本の製造業は、残念ながら、失われた20年と言われるように、全体的に衰退傾向にある。理由は人口減、為替変動、競争の激化、海外生産などにより、生産現場が減少し、雇用形態の多様化も相まって、総じて現場力が弱くなってきているからである。特に、リーマンショック時の舵取りが明暗を分けている。企業別に見ると、5Sを重要視して改善によるコストダウンに注力してきた企業と、5Sを軽視して極限までのコストカットを実施した企業では、現場力に大きな差が開いてきている。

このような状況の中で、これから先も勝ち残る企業になるためには、顧客から信頼され、差別化された製品・サービスを提供するとともに、同業他社にはない、特色を持ち合わせた経営をしていく必要がある。

そのためには、5Sで社員の意識を変え、行動を変え、目的・目標に向かって全員で力を合わせて達成していく必要があるが、5Sの重要性を十分理解していない経営者、管理者が見受けられる。

たとえば、ある工場診断の時に「5Sは昔からやってきたので、納期、在庫、コストダウンおよび品質向上を中心に診て欲しい」と経営者が言うにもかかわらず、掃除は及第点としても、整頓がほとんど手つかずになっていることが多々ある。そこで「表示がまったくないために、ものの流れ、進度、不良が目で見てわかりませんし、管理の対象および管理ポイントもわかりませんね」と指摘すると、「うちの従業員はみんなわかっていますから表示は必要ありません」という答えが返ってくる。この経営者には、ライン・工程表示などの必要性が理解できていなかったのだ。けれども、工場長がライン・工程表示を進めてくれた結果、ある工程での長期滞留品が5Sで浮き彫りになった。そして、停滞原因に対する対策を実施した結果、仕掛品在庫の削減と製造リードタイムの短縮が実現できた。その後は経営者の関心が高まり、管理・間接部門の事務現場の5Sも抵抗なく展開された。生産現場、事務現場ともに5Sでものの見える化を実現しながら、工場全体のまるごとの改善が進んだことで、納期、コスト、品質の目標を達成することができた。

1948年に創立され、今年で68年目を迎えた中部産業連盟（中産連）は、設立以来、常に新たなマネジメント手法を研究・開発し、産業界、企業に展開し、成果を上げてきた。その活動の一環として1994年に出版された『まるごと5S展開大事典』は、多くの読者を獲得し、セミナー、研修、コンサルテーションの基本図書としても広く使われることとなった。

けれども、発行から約20年の時が過ぎたことで、日本を取り巻く経営環境が大きく変化し、同書の内容を更新する必要が生じたことから、月刊『二

1

はじめに

場管理』の2015年10月臨時増刊号として『新ま
るごと5S展開大事典』を発刊したところ、幸い
にも多くの読者に読んでいただくことができた。
そこで、さらに多くの読者に手に取っていただく
ために、単行本として装いを新たに出版されたの
が本書である。

　本事典を発刊するにあたり、最も重視したこと
は、次のとおりである。

　(1)5Sの重要性、5Sの進め方として、準備段階
で実施すべき事項と内容、5S推進段階での具体
的方法などについて、必要と考えられるすべての
項目を盛り込むこと。これにより、読者が知りた
いことを、短時間で具体的に理解することができ
るようにした。

　(2)生産タイプ別、部門別、職場別、対象別など
の5Sの進め方、留意点について、具体的に理解
できるようにした。

　(3)企業や工場でただちに5S活動を展開できる
ように、実践的で効果の上がるノウハウを豊富に
盛り込んだ。

　(4)5Sの先の活動として、業務の見える化を実
現するファイリングシステム、管理・改善の見え
る化を実現するVM(Visual Management)につい
ても、進め方とそのポイントを中心に掲載。これ
により、5Sを維持、継続し、その先の到達点を
明確にするようにした。

　これらの実現のため、中産連所属の経験豊富な
コンサルタントとスタッフが分担執筆し、写真、
イラストや図表などを豊富に使い、文章もわかり
やすい表現を極力使用するように心がけている。

　本事典の構成としては、12章(1章「5Sの重要
性」、2章「5Sの進め方」、3章「5Sの組織化」、4
章「5Sの道具」、5章「整理の進め方」、6章「整
頓の進め方」、7章「清掃の進め方」、8章「清潔の
進め方」、9章「躾の進め方」、10章「5Sの維持・
定着」、11章「目的別5S活動のポイント」、12章
「5Sの先の活動」)に区分し、さらに75のテーマ
項目を設定して、各項目を見開き2ページごとに
まとめた。

　上記各章のうち、経営者と上層管理者には1章、
2章および12章、5S推進事務局の方には3章、4
章、10章、11章、5Sを先頭に立って推進する各
職場の管理・監督者とリーダークラスの方には5章、
6章、7章、8章、9章について、特に重点的に読
んで理解を深めていただきたい。また、巻末に五
十音順の索引がついているので、これも活用して
いただきたい。

　本事典は、5Sに関心あるすべての読者を対象
としているが、特に「5S活動を全部門・全員参
加で展開していきたいが、どのようなやり方で進
めていったらよいのか」「5S活動の具体的な方法
について、短時間で簡潔に理解するためには、ど
うしたらよいか」などの問題で悩んでいる経営者、
工場長、管理者、監督者および推進リーダー、ス
タッフの方々、製造業および付帯するコンサルテ
ィング業務に従事している経営管理指導者に向け
て編集した。

　最後に、企画・構成、出版についてご尽力いた
だいた、日刊工業新聞社の雑誌部部長の久保敏也
氏、『工場管理』編集長の永井裕子氏、および書籍
編集部副部長の矢島俊克氏に対して、心から感謝
申し上げる。

2016年6月

小坂　信之

新 まるごと5S展開大事典

目次

はじめに ———— 1

第1章 5S の重要性

1　5Sの心 ———— 6
2　5Sの大きなねらい ———— 8
3　5Sの直接的目的 ———— 10
4　5Sの定義 ———— 12
5　5Sと安全 ———— 14

第2章 5S の進め方

6　5Sの進め方の要諦 ———— 16
7　5Sの手順 ———— 18
8　5S推進プログラム ———— 20
9　全員参加の5S ———— 22
10　5Sの対象物 ———— 24
11　生産現場、事務現場別の5S推進の重点 ———— 26
12　プロセス(装置)産業の生産現場の5S ———— 28
13　加工組立産業の生産現場の5S ———— 30
14　個別受注産業の生産現場の5S ———— 32
15　営業部門の5S ———— 34
16　技術部門の5S ———— 36
17　モデル職場の5S活動 ———— 38

第3章 5S の組織化

18　5Sの組織化 ———— 40
19　5S推進ブロック化 ———— 42
20　5S活動管理板 ———— 44
21　5S委員会と職場の自主的活動 ———— 46
22　5S活動規約と推進マニュアル化 ———— 48

第4章 5S の道具

23　5S推進＆実施道具 ———— 50

CONTENTS

24 標語・ポスターの作り方 ——— 52

25 ５Ｓニュースの作り方 ——— 54

26 ５Ｓプラン(P)とドウ(D)の道具 ——— 56

27 ５Ｓチェック(C)とアクション(A)の道具 ——— 58

第5章　整理の進め方

28 整理の進め方 ——— 60

29 整理の要諦 ——— 62

30 整理基準・帳票の作り方 ——— 64

31 不要品一掃作戦 ——— 66

32 不要品判定と処分 ——— 68

第6章　整頓の進め方

33 整頓の進め方 ——— 70

34 整頓の要諦 ——— 72

35 整頓基準・帳票の作り方 ——— 74

36 ライン、工程、設備表示 ——— 76

37 ロケーションの決め方 ——— 78

38 通路・置き場区分の整頓 ——— 80

39 機械加工職場の整頓 ——— 82

40 組立職場の整頓 ——— 84

41 検査職場の整頓 ——— 86

42 倉庫職場の整頓 ——— 88

43 材料・部品・完成品の整頓 ——— 90

44 仕掛品の整頓 ——— 92

45 不良品の整頓 ——— 94

46 運搬具の整頓 ——— 96

47 型・治工具・刃具・検具の整頓 ——— 98

48 事務所の整頓 ——— 100

第7章　清掃の進め方

49 清掃の進め方 ——— 102

50 清掃の要諦 ——— 104

51 清掃ルール・帳票の作り方 ——— 106

52 一斉清掃および日常清掃の進め方 ——— 108

53 設備清掃と汚染源対策 ——— 110

CONTENTS

第8章　清潔の進め方

54 清潔の進め方 —————— 112
55 ピカピカ作戦 —————— 114
56 清潔な環境の進め方 —————— 116

第9章　躾の進め方

57 躾の進め方 —————— 118
58 管理・監督者による躾 —————— 120
59 オアシス運動とあいさつの極意 —————— 122
60 職場のマナー —————— 124

第10章　5S の維持・定着

61 5Sの維持・定着の要諦 —————— 126
62 5S点検・パトロールの進め方 —————— 128
63 5Sコンクールの進め方 —————— 130
64 5Sレベルアップの進め方 —————— 132

第11章　目的別5S活動のポイント

65 安全最優先の5S —————— 134
66 在庫削減を実現する5S —————— 136
67 リードタイム短縮を実現する5S —————— 138
68 設備保全のための5Sの進め方 —————— 140
69 業務改善を実現する5Sの進め方 —————— 142
70 海外拠点の5S展開ポイント —————— 144

第12章　5S の先の活動

71 イノベーションを自然に沸き起こす5S・VM(Visual Management) —————— 146
72 ファイリングシステム確立の進め方 —————— 148
73 見える経営(VM)の進め方 —————— 150
74 VM-FMS(見えるフレキシブル生産システム)構築のポイント —————— 152
75 OVMS(見えるオフィスマネジメントシステム)構築のポイント —————— 154

索引 —————— 156
写真提供企業一覧・参考文献・執筆者一覧 —————— 159

第1章 5Sの重要性

1 5Sの心

5S活動は社員の品性と企業の品格を高める

1. 5Sは品性、品格のバロメータ

5Sは社員の品性と企業の品格を判定するバロメータである。5S活動が徹底的に推進されている企業においては、総じて良い品性を備えた社員が多く、たとえば次のような現象が見られる。

①管理者は約束をきちんと守る
②社員は明るく、きちんとあいさつができ、礼儀正しい
③会議や社内講習会の開始時間前に全員が集まり、また無断欠席者はいない
④協調性に富んでおり、思いやりや気くばりがきく社員が多い

このような良い品性を身に付けた社員が多いから、5S活動が継続的に実施され、定着化が図られているのである。しかし、最初からこのような良い品性を身に付けた社員ばかりがいたかどうかは疑問である。

むしろ、5S活動を推進することによってこのような良い品性を身に付けた社員が育成される場合が多い。

今日の時代においては、家庭や学校は子供たちに対して、社会生活に必要な道徳に関することや礼儀作法などについて教育する場ではなくなり、企業がその代わりをするようになっている。5S活動は、社員に対して良い品性を身に付けさせる格好の場である。また、これによって品格の高い企業づくりがなされる。

2. 5Sの心とは

5Sの心とは、まさにこの品性を指しており、具体的には「思いやりの心」「気くばりの心」「けじめの心」「ものを大切にする心」「時間を大切にする心」「協調心」「自律心」「道徳心」などであり、意識としてとらえた場合には、「能率意識」「原価意識」「品質意識」「安全意識」「時間意識」「規律意識」などである（図1）。

(1)整理・整頓の心

整理・整頓の心は、「思いやりの心」「気くばりの心」「時間を大切にする心」である。

工具を使っても、元の所定の置き場所に戻さない人は、後で使う人のことを考えない「思いやりの心」と「能率意識」の希薄な人である。

要らない工具や頻繁に使う工具をごちゃごちゃにして工具箱に入れている人は、「時間を大切にする心」と「能率意識」「原価意識」の希薄な人である。通路の上に平気でものを置いて、人が安全に歩くことを邪魔している人は、「気くばりの心」と「安全意識」の欠如した人である。

上記のような人は、5S活動の整理・整頓を常時行っていく中で、知らず知らずのうちに5Sの心と意識を身に付けていくことができる。

(2)清掃の心

「清掃とは心なり」という言葉があるとおり、清掃することは、対象物だけでなく、清掃する人の心も掃き清めることにつながるものである。また、清掃の心は「けじめの心」「ものを大切にする心」

「思いやりの心」でもある。

一日の仕事が終了して、自分の作業場を清掃しないで帰る人は、「けじめの心」の希薄な人である。自分が管理している機械設備を清掃して磨くことをせず、ホコリと油まみれにしておく人は、「ものを大切にする心」と「安全意識」の欠如した人である。使用した機械設備の回りに飛散した切粉や油をきれいに清掃しないで作業を終わらせる人は、後で使う人のことを考えない「思いやりの心」と「安全意識」の欠如した人である。

このような人の心と意識の改革を行うために、日常の清掃活動を仕事の中に組み入れて積極的に行うことが必要である。

(3) 躾の心

躾の心は、「協調心」「自律心」「道徳心」である。みんなと一緒に清掃することをせず、帰っていってしまう人は「協調心」のない人である。時間を守らない人は「自律心」と「時間意識」「規律意識」の欠如した人である。

少しくらい教育しても、社会人・職業人としてやらなければならない、ごく当たり前のことができない人に対しては、5S活動を通して粘り強く教育指導、訓練を行って躾を身に付けさせることが必要で、これによって他の4S活動の推進も図れる(図2)。

（五十嵐　瞭）

図1　5Sの心

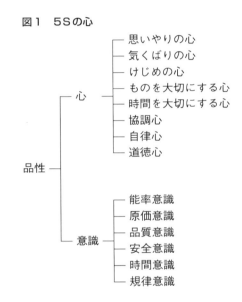

図2　5S活動は社員の品性と企業の品格を高める

2 5Sの大きなねらい

5Sの徹底化により、管理改善活動を着実に推進することのできる組織体質が確立される

■ 1. 5Sは管理のバロメータ

　5Sは、すべての管理改善活動のベースであり、管理レベルを判定するバロメータである（**図1**）。

　筆者は、工場の管理レベルを判定するためのチェックポイントとして、

　①5Sが推進されているか

　②見える管理が推進されているか

　③在庫の削減が図られているか

　④作業者の作業スピードが早く、動作がキビキビとしており、やる気に満ちているか

の4つを挙げているが、なかでも5Sの推進は管理レベルを判定するのに、最も重要なチェックポイントと言えよう。

　企業の経営者が5Sの効果が定量的につかめないことから、「5Sばかりやっていないで、もっと儲けにつながる改善活動をやったらどうだ」という言葉を、部下である管理・監督者や一般社員に言っているのをしばしば耳にすることがある。

　また、管理・監督者や一般社員が5Sと日常の仕事とは別のもの、すなわち5Sは余分の仕事と考えて「この忙しい時に、5S活動をやらされるのはたまらない」といって5S活動を積極的にやろうとしない企業を見受けることがある。このようなことを、言ったり考えたりする経営者や管理・監督者、一般社員は、5Sの重要性について十分わかっていないと言わざるを得ない。

　せいぜい、5Sをやると職場がきれいになって顧客からほめられたり、材料、部品や工具などを探す時間が短縮されたり、異種部品の混入や誤出荷がなくなって、クレームが少し減ったりするかもしれないという程度のメリットぐらいしか感じていないように思われる。

■ 2. 5Sの最大のねらい

　それでは、5Sの最大のねらい、すなわち5Sを推進することがなぜ重要なのか、なぜ5Sはすべての管理改善活動のベースであるのかについて、説明する。

(1)社員の自主性の向上

　5Sは、1人、2人の社員がいくら頑張ってもできるものではない。たとえば、工具を使用したならば、必ず所定の場所に戻さなければならないが、戻すことをしない社員が1人でもいると5Sは徹底されない。

　職場の全社員1人ひとりが、5Sルールとして決められたことを自主的にきちんと守り、実行してはじめて5Sが徹底されるものである。したがって、5S活動を通して社員の自律心を身に付けさせ、自主性の向上を図っていくことが、5Sの大きなねらいである。

(2)良好なチームワークづくり

　5Sは、職場の社員全員が協力して進めるべきものである。リーダーが「今日、仕事が終わってからみんなで一斉に掃除をしよう」と呼びかけても、協力しないで帰ってしまうような社員が1人でもいると、5Sはなかなか進まないものである。

　職場の人間関係や協力関係が良く、リーダーの下に団結して仕事や改善活動ができる職場ほど、5Sが強力に進むものである。

　したがって、5S活動を通して社員の協調心を高め、職場のチームワークを良くしていくことが、5Sの2番目の大きなねらいである。

(3)リーダーのリーダーシップの養成

　5S活動の成功のカギを握っているのは、職場のリーダー（部課長などの管理者、係長・班長などの監督者）のリーダーシップである。もともと強力

なリーダーシップを身に付けているリーダーのいる職場では5S活動が進み、リーダーシップの弱いリーダーのいる職場は5Sがなかなか進まないのが、一般的に見られる現象である。

しかし、最初はリーダーシップの弱いリーダーであっても、本人が率先垂範、努力してリーダーシップを身に付け、情熱をかけて5S活動に取り組むことによって、5Sを成功させている職場も多く見受けられる。

したがって、5S活動を通して、リーダーになる管理・監督者や若手有望社員などが、強力なリーダーシップを身に付けていくことが5Sの3番目の大きなねらいである（図2）。

以上、5Sの3つの大きなねらいについて説明したが、5Sが徹底的に推進されている企業は管理レベルが高く、5S以外の業務や改善活動についても、自主管理と良好なチームワークおよび管理・監督者の強力なリーダーシップによって、着実に遂行されている場合が多い。

このような意味において、5Sは管理の鑑、管理のバロメータである。工場の管理改善活動を展開するにあたっては、5S活動という形でまず最初に着手すべき改善事項と言えよう。

（五十嵐　瞭）

図1　5Sはすべての管理改善活動のベース

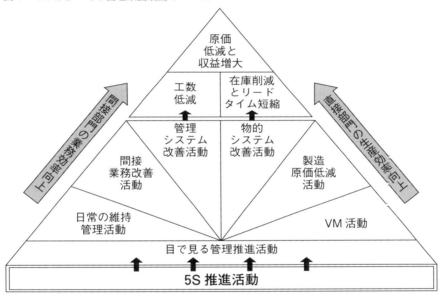

図2　5Sの最大のねらい

③ 5Sの直接的目的

5Sは企業イメージを高め、人と組織を活性化し、仕事の効率化と原価低減を実現する

■ 1. 5Sの直接的目的

5Sの最大のねらいは、社員の自主性の向上、良好なチームワークづくり、リーダーのリーダーシップの養成を実現して、すべての管理改善活動を着実に推進することのできる組織体質を確立することにある（**図1**）。直接的な目的は次のとおりである。

(1)企業イメージの向上

5Sは、企業イメージを向上させるのに役立つ。たとえば、一般的に、得意先や見込客の多くは、5Sが徹底されている工場を見た時、こんなにきれいで管理された工場ならば、良い品質の製品を納期通りに提供してくれるに違いないと考えるものである。その結果、注文が今まで以上に増えたり、新規の取引が開始されたりすることになる。また、5Sを推進することにより、いわゆる3K（きつい、汚い、危険）のイメージが排除され、新卒者を含めた若年労働者の求人活動と採用がやりやすくなる。

(2)能率の向上

材料・部品、仕掛品や工具、治具、金型などを所定の場所に、取りやすい方法できちんと置くことにより、探すムダがなくなり、段取り時間、運搬時間、作業時間などの短縮が図れる。

(3)リードタイム短縮と納期の確保

ある工場で、金型の整理・整頓ができていないために、ある金型を探すのに半日もかかったことがあった。このように、探すムダが多いと生産リードタイムの中の停滞時間が長くなる。したがって、5Sが徹底されると生産リードタイムが短くなり、納期遅れもなくなる。

(4)在庫の削減

5Sができていない工場では、とかく不要在庫や過剰在庫が発生しがちである。それは在庫管理のレベルが低くて、在庫数量を的確につかめないことから、まだ在庫が十分あるものを間違って発注してしまったり、必要以上に過大な数量で発注してしまうことが多々あるからである。5Sを推進することで、材料・部品を整理して不要在庫を削減でき、必要な在庫を整頓することによって過剰在庫の発生を防止することが可能となる。

(5)品質の向上

半導体、IC関係や電子関係の高品質の性能を要求される製品を作っている電機メーカーや電子メーカーの工場では、わずかなゴミやホコリが不良の原因となる。また組立工場では、部品の整頓ができていないために、異種部品の取り付けミスや混入ミスなどが発生している。さらに機械工場では、機械設備の作動部を掃除して切粉を完全に取らないために、加工精度不良が発生している。以上のような不良は、5Sを徹底的に行うことによってなくすことができる。

(6)故障の撲滅

機械設備を清掃し、ピカピカに磨きながら点検することによって、不具合な個所や微欠陥を発見し、対策を早めにとることで、大きな故障の発生を未然に防ぐことができる。

(7)安全の確保

安全に歩くことや作業をすることができる通路や作業スペースを確保すること。材料・部品、仕掛品などについては、くずれて落ちてこないような保管方法を採用して、きちんと置くようにすること。床上の掃除をしっかりやって、油や水で滑ってケガをするようなことがないようにすること。必ず、ヘルメットをかぶり安全靴をはくようにすることなど、安全管理のルールで決められていることを確実に守るようにすること。

以上は、すべて5Sを推進することによって可能となり、作業者の安全を確保することができる。

(8) **原価の低減**

前述した能率の向上、リードタイム短縮、在庫の削減、品質の向上、故障の撲滅などは、すべて終局的には原価の低減につながる。

また、消耗品、工具などの整理・整頓を実施することによって、購入量の節減を図ることができるうえ、油、エア、水、電気などの漏れ発生源対策を実施することにより、経費の節減を図ることもできる。

(9) **組織の活性化とモラールの向上**

整理・整頓がされていない汚い職場よりも、整理・整頓がされてきれいな職場にいる方が快適であり、気持ち良く働くことができる。また、5Sが推進されると人間関係や協力関係が改善され、チームワークの良い明るい職場になるので、組織の活性化と社員のモラールが向上する。

(五十嵐　瞭)

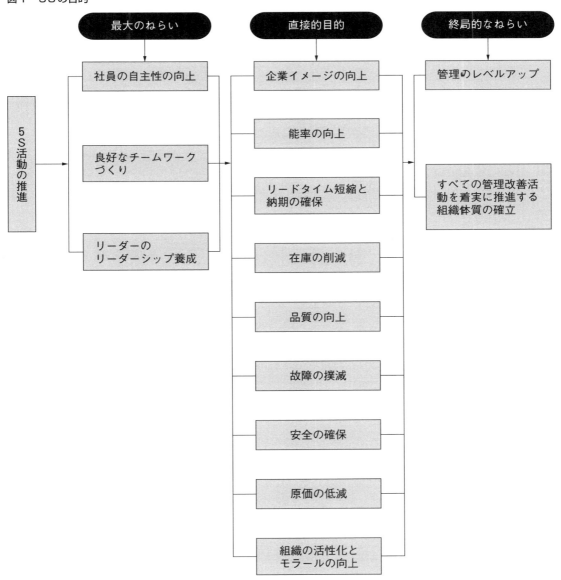

図1　5Sの目的

4 5Sの定義

5S活動は、自社で5Sの定義を定めて全員が理解することから始まる

1. 5Sとは

　5Sとは、整理、整頓、清掃、清潔、躾の5項目の頭文字Sをとった造語である。この5Sを全社的に推進していく場合、あらかじめ、5Sの定義を自社で明確に定めてスローガンを作り、社内の必要個所に掲示するようにすると、周知の徹底化が図れる。

　5Sの定義は、人によって、また会社によって少しずつ表現が異なることがあるが、ここでは**表1**のように定義づける。

2. 5Sの基本的な着眼点

　5Sを円滑に、かつ効果的に進めていくための基本的な着眼点について、項目ごとに説明する。

(1)整理

①短期間で一斉に行う

　長い期間をかけて、少しずつ整理をしていく方法をとらないで、なるべく1カ月から2カ月くらいの短い期間で全職場一斉に実施することが必要である。そのためには「不要品一掃作戦」などのスローガンを掲げ、期限を定めて全社的に大々的に展開するとよい。

②思い切って処分する

　要らないものを処分するには、「思い切りの良さ」が必要不可欠である。全職場が足並みそろえて、要らないものを思い切って処分するには、処分のための整理基準(不要品基準、手持ち基準)やルール、手続きを明確に定めることが必要である。整理基準は、なるべく思い切って整理する方向で厳しく設定し、また将来の使用予測よりも過去の使用実績を重視して、整理するか否かを決めることが必要である。

(2)整頓

　整頓は、職場における「ものの見える化」を実現してムダをクローズアップし、「ムダのない職場づくり」を推進することである。

　そのためには、作業性、安全性、美観などを考慮して、ものの最適な置き場所と置き方を決める。その際には、①使用の頻度に応じて置き場所を決める、②取り出しやすく、戻しやすく、しかも安全な置き方をする、③ものは乱雑に置かず、直線的、直角的、平行的に置く。

　また、表示(置場全体表示、位置表示、状態表示日程表示、量表示、現物表示など)をきめ細かく徹底的に行うようにする。表示をする場合の留意点としては、①極力、全社的に統一した表示の方法を採用すること、②表示のための札やラベル、および文字や色などについては、極力全社で統一するようにし、美観を重視し企業イメージを高めるような方法で表示する、③表示の用語は簡潔かつ具体的なものにする。

　特に、現品の置き場所に表示する用語については、現品の種類や状態がわかりアクションにつながるようなものであることが望ましい。

(3)清掃

①短時間でこまめに清掃する

　清掃を極力仕事の中に組み入れてしまうようにし、特に床、作業台、機械設備の作動部、机などの清掃については、毎日、必要な時に1分清掃、3分清掃というやり方でこまめに効率良く清掃を行うようにする。また毎日清掃することのできない棚や窓、機械設備本体などについては、週1回20分、月1回30分というように清掃日時を決めて、定期的に行うようにする。

②全員で平等に分担して清掃を行う

　職場ごとに清掃分担表(清掃ルール)を作成し、

何（どこ）を、誰が、いつ清掃するのかを明確に決めることが必要である。特に通路、棚などの共用物に対する清掃については、みんなで平等に行うように分担を決めることが大切である。

(4)清潔

整理、整頓、清掃が進むと職場はきれいになりすっきりしてくるが、さらに清潔感を人に感じさせる職場にするために、下記に留意することが必要である。

①機械設備、床などはピカピカに磨く
②色彩管理を取り入れて清潔感を出す
③身だしなみ（帽子、服装、髪など）を清潔にする

(5)躾

上記4Sを継続して推進していくには、全員が決められたルールを守ることが必要条件である。それには、経営者、管理者が率先垂範して、決められたルールをみずから守るとともに、部下に守らせるように監督、教育指導、訓練を絶え間なく行っていくことが必要である。

また、躾を身に付けさせる手段として、「決めたことを守る運動」がある。たとえば、あいさつを励行させる「オアシス運動」とか、時間を守らせる「タイムイズマネー運動」などを展開していくことも効果的である。

（五十嵐　瞭）

表1　5Sの定義と基本着眼点

5 S の 定 義	基 本 着 眼 点
●整理とは「要るものと要らないものとに区別して、要らないものを処分する」ことである	①短期間で一斉に行うこと ②思い切って処分すること
●整頓とは「要るものを所定の場所にきちんと置き示す」ことである	①作業性、安全性、美観などを考慮して置き場所や置き方を決めること ②表示を徹底して行うようにすること
●清掃とは「身の回りのものや職場の中をきれいに掃除する」ことである	①短時間でこまめに清掃するようにすること ②全員で個人別に平等に分担して清掃を行うようにすること ③汚れの発生源対策を行うこと
●清潔とは「いつ誰が見ても、誰が使っても不快感を与えぬようにきれいに保つ」ことである	①機械設備、床などはピカピカに磨くようにすること ②色彩管理を取り入れて清潔感を出すようにすること ③身だしなみを清潔にすること
●躾とは「職場のルールや規律を守る」ことである	①経営者、管理者の率先垂範と部下に対する監督、教育指導、訓練の継続的実施 ②決めたことを守る運動を展開すること

5 5Sと安全

重大災害を未然に防ぐ安全な職場づくりは、徹底した5Sから始まる

■ 1. 300件のヒヤリが1件の重大災害を生む

1件の重大災害の背景には、29件の軽災害があり、さらに300件のヒヤリ体験がある。これは、労働災害における経験則であるハインリッヒの法則であるが、生産現場から300件のヒヤリ体験になりうる「不安全行動」をいかになくしていくかが重要であることを示唆している。

つまり、重大災害につながる前に、300件のヒヤリ体験をいかに少なくするかが、重大災害が起こりにくい安全な職場づくりには欠かせないのである。

■ 2. 安全管理と5Sの関係

ヒヤリ体験を少なくして安全な状態を目指すためには、生産現場から、危険な要素を取り除くことが重要である。生産現場で起きるヒヤリ体験と5Sの関係として、以下の例が挙げられる。

①整理、整頓ができていないため、通路域に不要物や不明物があり、通行時に引っ掛けて転倒する恐れがある

②道工具の整頓ができていないため、作業者が探し回り、不安全行動を起こす恐れがある

③設備の清掃、清潔が不十分なため、チョコ停止が多く発生し、作業者が復旧させるために、不用意に設備内に手を入れる恐れがある

④通行ルール、指差呼称の遵守など決められたルールがあるが、守らせる躾が十分でないため、作業員の注意が散漫になっている

5Sができていないために引き起こす可能性がある不安全行動は多い。このような不安全行動を減らすために、徹底した5Sと重大な事故および災害を防止するために計画を立て、実施するための活動である安全管理を連動させる必要がある。

安全管理の具体例として、安全パトロール、KYT（危険予知訓練）、ヒヤリ・ハット活動がある。

安全パトロールは、安全委員会の委員や安全担当者が不安全個所を抽出し、是正させるものである。安全パトロールと5Sとを連動して行うためには、生産現場の対象物と5Sとしてあるべき姿を明示したチェックリストを作成する。チェックリストをもとに、定期的に生産現場をパトロールして不安全個所を抽出し、改善を行い、危険個所を除去していく（**表1**）。5Sに安全のsaftyのSを追加して6Sとして運用し、無災害記録を更新し続けている企業もある。

不安全行動に関する図や写真を見て、危険個所を指摘して対策を図るKYTでは、5Sができていないために危険が起きることを考えさせるために、現状把握項目や対策樹立項目に入れることが有効である（**図1**）。また、職場で起きたヒヤリ体験を共有するために、対策を検討する項目についてはヒヤリ・ハットも同様に、置き場の見直しと注意喚起表示などの5Sによる対策がないかを話し合うことも有効である。

このように、安全管理と5Sは密接につながっている。そのため、なるべく安全管理と5S活動の一元化を図り、従業員に、「重大災害を未然に防ぐ安全な職場づくりは、徹底した5Sから始まる」ことを意識させる必要がある。

（丸田　大祐）

第1章 5Sの重要性

表1 5Sを意識した安全パトロールチェックリスト例

分類	No		点検項目	採点 大変良い 10・9	良い 8・7	普通 6・5	悪い 4・3	大変悪い 2・1	前回採点	備考
安全	1	安全三原則	整理整頓	・表示率は100％を達成されているか（安全につながる表示個所含む） 採点基準 ①10点：100% ②8点：95％以上 ③6点：80％以上 ④4点：70％以上 ⑤2点：50％以上 ⑥0点：50％未満						
	2			・注意喚起表示が不足しているところはないか						
	3			・作業場、作業通路の整理整頓はできているか						
	4		点検整備	・設備の日常定期点検は運用ルールどおり行われているか						
	5			・ハード面の対策が不足している個所はないか（安全カバーの設置など）						
	6			・防火設備点検および、避難経路の確保はできているか						
	7		標準作業	・作業手順書どおりに作業が行われているか						
	8			・防護服、保護具の着用は基準どおりにできているか						

図1 危険予知訓練シート事例と5Sによる対策例

状況
荷物にワイヤーをかけていたが、ワイヤーをかける位置が悪かったので、いったん床に降ろしてワイヤーの位置を直している

5S検討項目
・作業域と保管域を分けるために区画線を引いて作業を行うべきである
・留め具の取り扱いの注意表示を行うべきである
・クレーンのコントローラの位置を見直すべきである

15

第2章 5Sの進め方

6 5Sの進め方の要諦

5Sは手順に従って、全員で徹底して推進することが大切

1. 5Sの問題点

5Sは、「たかが5S、されど5S」と言われるように、必要性を頭では理解していても、定着させるのは難しい。以下に、5Sに関する問題点を挙げる。

①危険、ムダだらけの荒廃した職場である
②無関心、非協力的な人がいる
③維持・定着ができていない
④レベルアップが図れない
⑤生産性、品質向上などの実効が上がらない

2. 5Sが維持・定着できない原因と対策

これから本格的に5Sを導入する職場は、後述する、効果を上げる進め方に留意して「7. 5Sの手順」に従って進めていくとスムーズだ。しかし、過去に5Sに取り組んだのに維持・定着ができていない職場は、失敗を繰り返さないためにも原因を究明し、根本対策を施しながら推進する必要がある。主な原因は以下のことが考えられる。

⑴忙しい、活動時間がつくれない

忙しく、活動時間が取れないことは、5Sに限らず改善活動すべて共通する問題である。多くの場合は、進捗を問われた際の言い訳としての常套句なので、毅然たる対応が求められる。たとえば、「どんなに忙しくても週に30分は5Sタイムを取れるよね。時間はつくり出し、1歩でも前進するように」と指導していく。

⑵全員参加になっていない

委員、リーダーなど一部の人の活動に止まって

いると推進力よりも後退力が強まるので、「9. 全員参加の5S」を参考に、真の全員参加になるように推進する。

⑶問題意識、改善意識の不足

問題とは、あるべき姿と現実とのギャップである。そこで5Sの姿をイメージし、ギャップを共有することで、問題意識、改善意識の向上の第一歩となる。時には5S優良工場見学会に参加し、刺激をもらうのも意識改革に役立つ(**図1**)。

⑷目的を見失っている

5Sを実施することが目的となっている場合は、本来の目的は、ものの見える化によりムダの排除、不良や欠品、納期遅延などの異常を見えるようにすることである。そして改善により生産性、品質、納期面の向上させることを再度確認し、推進する。

3. 効果を上げる5Sの進め方の要諦

5Sの進め方の要諦は、以下のとおりである。

⑴**手順に従って推進する**

何事も基本手順があり、5Sも同様である。「7」の手順に従って推進する。

⑵**役割・分担を明確にする**

委員長、委員、事務局、リーダー、メンバーの基本的な役割・分担を第3章「5Sの組織化」を参考にしながら明確にする。

⑶**全員で推進する**

準備、実施などあらゆる場面で全員を巻き込み、実施するように働きかける。

⑷**徹底して推進**

第2章 5Sの進め方

すべてのものを対象に、5Sの神髄である整頓を徹底的に推進することが肝要となる。これにより、レベルアップと定着ができる（図2）。

（小坂　信之）

図1　5Sで、目で見てわかる・ムダのない職場づくり（イメージ図）

図2　徹底整頓の例

7 5Sの手順

5Sの基本手順は1つ。3Sの手順は、職場、対象物によって使い分ける

■ 1. 5Sの基本手順

　5Sの基本手順は、整理と躾から開始する（**図1**）。整理が進み、職場から不要物が一掃され、必要なものだけになったら、2番目の整頓で必要なものの所定の場所を決め、置き方を決め、標準化のための表示を実施する。3番目の清掃では大清掃を実施し、日常清掃のルールを決めて汚れのない職場を実現する。4番目の清潔は、3S（整理、整頓、清掃）を2、3回と繰り返しながら、点検・評価し、清潔ができていないところについて徹底的に3Sを実施していくことだ。これが、5S基本手順である。

　生産現場において清潔を実現するためには、汚れの発生源をつきとめて、元から断つ汚染源対策をどの段階で実施するかが重要となる。たとえば、設備周辺の拭上げ清掃を行った時点で、キープクリーンが持続できるように汚染源対策まで実施しないと清掃してもそれ以上に汚れが積み重なり、達成感を得られず後退していくことになる。

■ 2. 生産タイプ別5Sの重点と3Sの手順

　見込生産タイプの代表として少品種連続生産と多品種ロット生産、受注生産タイプの代表として、個別受注生産の特徴と5Sの重点および5Sの推進ポイントについて、**表1**にまとめる。また、3Sも整理、整頓、清掃が基本手順となるが、職場の性格、対象物、5Sの状況によっては、整理の後で清掃を実施してから整頓に入る手順と、整理前に清掃を行い、整理、整頓の手順で進める方法がある。どちらの手順で進めるのが効果的かは、手順ごとのメリットを次のように考慮して決定する。

(1)整理→清掃→整頓の手順

　整理で必要なものと不要なものとに区分して、

不要なものを処分できた段階で、次の点を考慮して整頓の前に清掃を実施してから整頓に入るかどうかの手順を決める。

　少品種連続生産で汚れの激しい工程・設備、多品種ロット生産職場の機械加工設備などでは、整理後、徹底した清掃を実施して整頓に進む手順で進めると、整頓も効果的に進めることができる。

　整理が進み、置き場の見直し設定（レイアウト）、置き換え、場所表示、現物表示、棚表示、区画線引きなど整頓を実施する場合、対象物が汚いとすぐにラベルやテープが剥れたり、表示の妨げになったりするばかりでなく、再度、整頓のやり直しとなってしまうからだ。二度手間にならないよう、清掃してから整頓を実施する方が効果的である。

(2)清掃→整理→整頓の手順

　装置工業、機械加工職場などや、長年3Sを実施してこなかった倉庫などでは、清掃を実施し、ゴミ、汚れを取り除くことによって、ものと機械設備が目で見てわかるようになるため、効果的な整理、整頓へステップアップすることができる。

　そのため、清掃をまず最初に実施する。整理基準の1つであり、要る・要らないものの基準である「不要品基準」を設定するためにも、清掃は欠かせない。どのような対象物があるのか不明な場合や機械設備の交換部品の棚卸しを実施する際にも、ゴミや汚れがひどい場合は、大清掃を実施してから整理、整頓を進めていくと効果的であり、作業者のモチベーションの向上にもなる。

（小坂　信之）

第2章　5Sの進め方

図1　5Sの基本手順

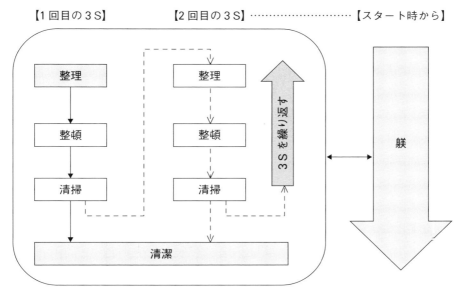

表1　生産タイプ別　5Sの重点と3Sの手順

生産タイプ別　5Sの重点と3Sの手順

項目	タイミング	見込生産		受注生産
	種類・量	少品種連続生産	多品種ロット生産	一品個別生産
	業種	装置工業、化学工業、食品工業	加工組立産業	設備、システム設備産業
生産特徴		単種または少品種の製品を長期間連続的に生産する	かなり多品種で大小のロットが混在しており、繰り返し生産する	工作機械や省力化装置など、その都度仕様が異なり生産期間が長く金額が大きい
工程例		計量・配合→精製→成形→仕上	加工→組立	設計→見積・受注→組立→据付
5Sの重点		組付部品など、ものは少ないが装置、設備に依存しており、5Sは設備保全、環境改善、安全管理の基礎となり、稼働率の向上を実現することが課題である	材料、部品、仕掛品、設備、治工具、計測器など極めてものが多い中で、探すムダ、動作のムダ、移動のムダを排除し、生産性の向上、ものの流れ化を実現する	設計から据付まで多くの工程と部品から構成される場合が多く、作業場も製品が変わることにより、固定的に表示が難しく、フレキシビリティのある整頓がポイントとなる
5Sの推進ポイント		①予備品の整理、整頓 　（持ち方、表示） ②設備の状態と流れ方向表示 　（給液中、待機中、修理中など） ③清掃の徹底と清潔の実現 　（意識改革と発生源対策） ④5Sで安全の啓蒙と躾の徹底	①繰返し使用品の整頓 　（置き場、位置の表示） ②量管理における整頓 　（最大在庫、最小在庫、発注量） ③流れ管理における整頓 　（本日加工、明日加工、滞留） ④5Sで標準化と活性化職場	①徹底した整理で景色を変える 　（過去の個別品や長期滞留品） ②フレキシビリティのある表示 　（移動可能なシート、マグネットの使用や、ロープ、チェーンによる区画） ③部品集結管理における整頓 　（集結状況の見える化と整頓）

8 5S推進プログラム

5Sは総員活動、全員参加になるように
準備計画と実施計画をしっかり立てて推進する

■ 1. 5S推進のプログラム

5Sは、総員活動であり全部門全員参加で進める必要がある。そのためには、5S全体の準備、実施および定着の計画をしっかり立て、推進する。主なプログラム（計画）は以下のとおりである。

①5S推進の全体プログラム
②5S準備プログラム
③5S実施・定着プログラム

5S推進の全体プログラム項目は、5S推進の準備・実施・定着段階における概略手順ごとのプログラム項目を体系化したものである（**図1**）。本格的な5Sを初めて導入する場合、プログラム項目ごとに担当を決め、日程計画を立て、進度と達成度を評価しながら確実な導入と定着を図る。

2回目からは、レベルアップと完全定着化のため、そしてマンネリ化を防ぐためにも目的・目標を明確にした方針を打ち出し、各プログラム項目について見直した上で、より効果的な内容に変更して実施する。

■ 2. 5S準備のプログラム

5S準備として、実施（整理・躾の開始）前までに次の事項を計画する。

①5S組織化
②5S推進ブロック化
③5S定義化
④5S PR
⑤5S規約・基準・ルール化
⑥5S教育
⑦5Sキックオフ

各項の内容は、本書の各項を参照して、担当と日程を計画して準備する。

■ 3. 5S実施・定着のプログラム

5S実施プログラムにおいて、最も大切なことは計画どおりの推進である（**表1**）。そのためには、整理、整頓、清掃、清潔、躾の定義、目的、進め方、到達点などを委員、リーダーが十分理解した上で実施する。以下に5S実施・定着のプログラムの要点をまとめる。

(1)オリエンテーリング

何事も目的があり、進める上での基本手順がある。また、全員で進めるために基礎知識を持ち、考え方を基準に落とし込んで進めるための教育をステップごとに計画する。

(2)整理・躾、整頓、清掃、清潔の実施

導入期において特に留意しておきたいことは、5S活動で行動を変え、意識改革を実現することである。

そのためには、ただ漫然と整理、整頓、清掃、清潔、躾を計画するのでなく、思い切った整理で「すっきり広々とした職場」、徹底的な整頓で「見える職場」の実現、いつでも「清掃が行き届いている職場」といったように、実感と達成感がある活動となるように計画し、進捗と達成度を管理できるプログラムとする。

(3)定着のポイント

定着のポイントは2つある。1つは点検制度を確立する。2つ目は実施の節目で発表・報告会を開催し、年度のコンクールなどで優秀職場、努力職場を称えて振り返りを実施し、次のステップに弾みがつくようにする。

（小坂　信之）

第2章　5Sの進め方

図1　5S推進の全体プログラム項目

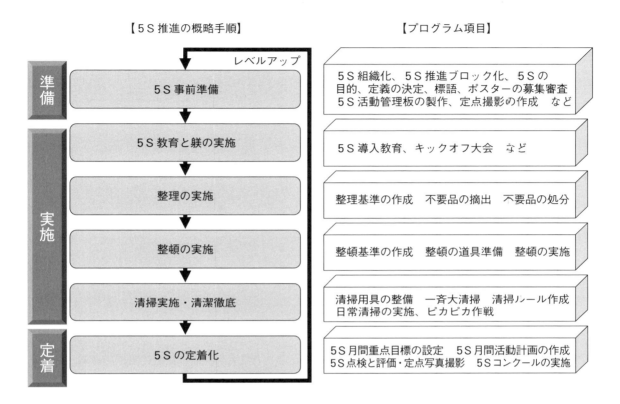

表1　5S実施のプログラム

5S実施プログラムの例
第1ステージ　5S展開大日程計画

基本スケジュール　期間：20XX年1月　～　20XX年12月

区分	実施項目と推進重点	1月	2月	3月	4月	5月	6月	7月	8月	9月	10月	11月	12月	備考
ものの見える化	(1) 生産現場の5S活動の推進		○実施キックオフ										→	定着期へ
	①オリエンテーリング		整理と躾		整頓			清掃		清潔	補講			
	②事前準備	→		←1(回目)サイクル→							←2(回目)サイクル→			
	③整理・躾		→							→				
	④整頓				→						→			
	⑤清掃							→						
	⑥清潔													
	⑦点検制度		◇	◇		◇		◇		◇	◇			
	(2) 事務現場の5S活動の推進		○実施キックオフ										→	定着期へ
	生産現場の5Sと同様の推進													
報告会	①整理発表・報告会				○									
	②整頓発表・報告会						○							
	③第1ステージコンクール										○			第2ステージ

9 全員参加の5S

5S目的達成のカギは、全員参加で推進することである

1. みんなで進める5Sで目的を達成する

5Sの目的は、変化の激しい経営環境の中でも、絶え間なく改善活動が行われるように社員の自主性を向上させ、リーダーのリーダーシップを養成しながら、良好なチームワークづくりを行い、明るい職場づくりとやり抜く力を育み、高い目標を達成していく組織をつくることにある。これらを目的に5Sを実施するが、目的達成のカギは、この活動にどれだけ多くの従業員を参加させることができるかである。

すなわち、5Sは理屈でなく実施することが重要であり、実施すればするほど効果が上がる。そのためには、従業員の参加人数が多ければ多いほど目的の達成度合いが高くなる。このように5Sは、全員参加で進めることが大事である。

2. 交替職場および構内外注も全員参加

装置産業は連続的に操業しているため、交替勤務の職場が多く、5S活動も委員、リーダー中心の活動となりがちだ。そこで全員参加の活動となるように、たとえば交替番ごとにサブリーダーを任命してメンバーを登録するなど、工夫が必要である。また、構内外注業者や派遣者が工場のオペレーションを担っている職場も5S委員会組織に含め、最終的には全員参加で進める必要がある。

3. 全員参加で進めるポイント

全員参加で5Sを進めるポイントは、準備、実施、定着化のすべての段階で常に全員参加となるように工夫し、ねばり強く努力していくことだ。特に効果的なポイントを以下に紹介する。

(1)トップのコミットメントと5S PR

会社は社長次第、部は部長次第と言われるよう

に、5Sも社長、事業部長、工場長などのトップのコミットメントが極めて重要である。キックオフ大会、コンクールや5SニュースなどのPRの機会に、5Sの重要性と活動の位置づけをトップみずからが示す必要がある(**図1**)。

(2)全員参加を常に働きかける

準備、実施、定着の各活動において、常に全員参加の活動となるよう、計画(P)、実施(D)、確認(C)、処置・対策(A)を、見える管理(VM：Visual Management)で回していく。

①5Sの組織化

5S委員会組織図に全員の名前を記載し、各グループの5S活動管理板にはメンバー全員の写真と名前を貼ることで、全員参加を促す。

②5Sの実施計画

5S月次実施計画は、リーダーが当月の5S実施場所、実施内容、実施担当とスケジュールを明らかにすることで、1人ひとりの役割が明確になり、進捗を確認することができる。交替職場では班ごとに作成し、活動管理板に貼り出して、リーダーと担当者が1人ひとりの進捗を確認することによって、確実な推進が図れる(**表1**)。

(3)みんなで実施して、みんなで成果を味わう

5Sは、とにかく実施することが大切である。そして、維持・定着のためには、「すっきり広々した職場に変貌した」「探すムダが一掃できた」「キープクリーンができた」「ルールを守り、後から使う人のことを考えた整頓ができた」など成果を上げ、全員で5Sを楽しめることが大切だ。

(小坂　信之)

第2章 5Sの進め方

図1 5S PR事例

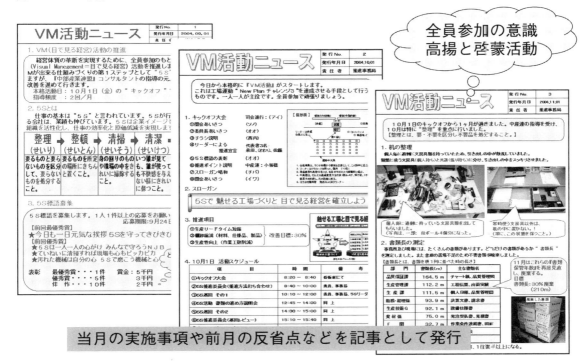

表1 5S月次実施計画の例

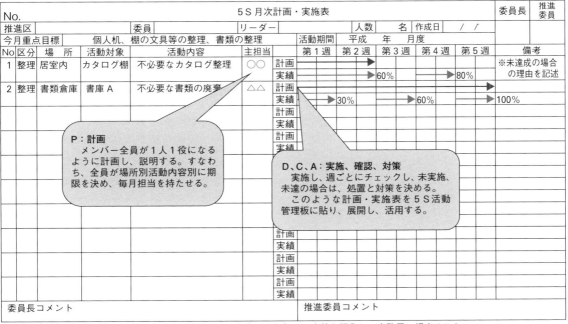

10 5Sの対象物

5Sの対象物である"もの"の性格を知り、5Sで「ものの見える化」を実現する

1. 5Sの対象物とは

5Sは、生産現場、事務現場（オフィス）にあるすべてのものを対象物とする。製品を製造するための材料、機械設備、仕掛品や完成品を管理する生産現場と、事務、打合せ、会議を行う事務現場では、対象物が異なる。

生産現場では製品の製造に関わる物品が中心であるが、事務現場では書類とその収納に関わる物品が中心となる。表1に生産現場と事務現場での対象物の区分例を示す。5Sの対象物は同じものであっても、会計、繰返性、専用性などの性格で見ていくとさまざまであり、5Sのねらいと関連付けて見ていく必要がある。

2. 5Sのねらいと対象物

5Sのねらいは、「ものの見える化」であり、仕事で必要なものがすぐに取り出せ、正しく戻せることにより、ムダのない目で見てわかる職場を実現することにある。具体的には、

①ものを見て何かがすぐにわかる

何かとは、現物識別、行き先表示、使用時期、使用場所、要/不要、資産計上/費用、繰返/非繰返、専用/共用などである。

②要るものをすぐに取り出せる

③使った後正しく戻せる

④戻し忘れ、誤り戻しがないことがひと目でわかる仕組み

⑤汚れがなくルールが守られている

などの仕組みを整理・整頓で確立し、徹底的に表示を推進することでものの見える化を実現する。

3. 対象物別の整頓の3要素と繰返性の区分

対象物の性格がわかったら、繰返性のあり・なしの区分ごとに、置き場、置き方、表示の整頓の3要素の方向性を決めていく。

(1)整理区分：要るものと不要物

整理段階で必要なものと不要なものに区分し、不要物を処分し、必要なものだけを職場に残す。

(2)会計区分：資産と費用

不要なものには、資産として購入し資産計上されているものと費用で購入したものがある。費用で購入したものは即廃棄処分が可能であるが、資産購入の不要物は所定の手続きを経て処分する。

(3)繰返性区分：繰返使用と非繰返使用

整頓段階では、ものの繰返性に着目するとメリハリの利いた効果的な推進ができる。ものは、繰り返し使用するものと繰返して使用しないものとに区分される。繰返し使用物は工具や事務用品などであり、定置管理が可能である。非繰返し使用物は、たとえば材料や消耗品などであり、保管、収納量が必ずしも一定しないため、整頓での工夫が必要となる。表2にその要点をまとめた。

(4)専用性区分：専用物と共用物

専門性区分は、特定設備の専用交換部品、特定用途の専用物などの、専用品と共用で使用するものの区分である。たとえば、グループ共通、フロアー共通などである。

ものの区分の多くは整頓段階で考え、実施する項目である。5Sの神髄は整頓にあり、ものの見える化を実現する要となる。

（小坂　信之）

第2章 5Sの進め方

表1 5Sの対象物の区分例

No.	対象物	場所区分 生産現場	場所区分 事務現場	整理区分 要/不要	会計区分 資産/費用	繰返性区分 繰返/非繰返	専用性区分 専用/共用
1	材料	○		○	資産	非繰返	専・共
2	部品	○		○	資産	非繰返	専・共
3	仕掛品	○		○	資産	非繰返	専・共
4	製品	○		○	資産	非繰返	専・共
5	設備	○		○	資産	―	専・共
6	型・治具	○		○	資産	繰返	専・共
7	測定機器	○		○	資産・費用	繰返	専・共
8	運搬機器	○		○	資産・費用	繰返	専・共
9	事務機器	○	○	○	資産・費用	繰返	専・共
10	棚	○	○	○	資産・費用	―	専・共
11	安全具	○		○	費用	繰返	専・共
12	刃具・工具	○		○	費用	繰返	専・共
13	検具	○		○	資産・費用	繰返	専・共
14	作業台・台	○		○	資産・費用	―	専・共
15	コンベア	○		○	資産・費用	―	専・共
16	机・椅子	○	○	○	資産・費用	繰返	専・共
17	給茶器		○	○	費用	繰返	専・共
18	容器	○		○	費用	―	専・共
19	ロッカー		○	○	資産・費用	―	専・共
20	掲示板	○	○	○	費用	繰返	専・共
21	管理板	○	○	○	費用	繰返	専・共
22	カンバン	○	○	○	費用	繰返	専・共
23	表示板	○	○	○	費用	―	専・共
24	備品	○	○	○	費用	―	専・共
25	消耗品	○	○	○	費用	使用中、予備	専・共
26	事務用品	○	○	○	費用	使用中、予備	専・共
27	書類	○	○	○	費用	繰返	専・共
28	図面	○	○	○	費用	繰返	専・共
29	雑物	○	○	○	費用	―	専・共
30	私物	○	○	○	費用	―	専・共
31	通路	○	○	○	費用	―	専・共
32	作業着・帽子・靴	○		○	費用	使用中、予備	専・共
33	制服		○	○	費用	使用中、予備	専・共
34	その他	○	○	○	費用	―	専・共

表2 整頓の3要素 置き場、置き方、表示と繰返性区分

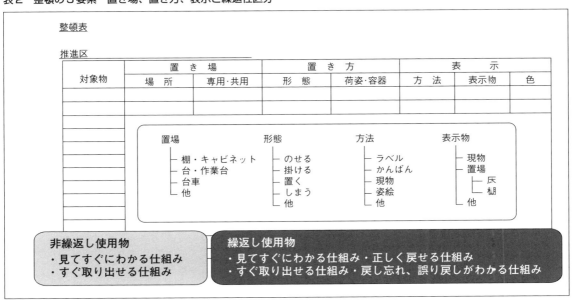

11 生産現場、事務現場別の5S推進の重点

生産現場は安全最優先で生産性向上、事務現場は業務効率向上に直結する5Sを推進する

1. 生産現場の役割・使命と 5S推進の重点

5Sを2、3年続けているのにいまだに定着できていない企業や職場の多くは、5Sを推進することが目的となり、その先の定量的成果に結びついていないことが主な理由で停滞・後退してしまっている。逆に、5年、10年と5Sを推進し、維持・向上ができている企業や職場は、定性的成果だけでなく生産性向上、業務効率向上などの定量的成果を求め、効果を上げている。

1回目の5Sで進め方、やり方を理解し、不要物が一掃され、必要なものの整頓がかなり進んである程度見える職場になったら、2回目以降は、目的、目標を持った5S推進が重要だ。

生産現場の役割・使命は、「所定の品質、価格、数量の製品を所定の期日までに最も経済的に作ること」にある。ひと言で言えば、生産性の向上であり、5Sを含めすべての改善活動は、最終的には生産性向上に結びつかなければならない。

2回目もしくは2年目以降の5Sは、生産性向上など目的・目標・指標を明確にして推進する(表1)。そして、見える目標管理と連動して、定量的成果を定期的に把握し、成果を得られるように次のポイントに着目して徹底的に実施する。

(1)ムダの徹底的な排除

ムダとは駄賃のもらえない仕事(付加価値を生まない作業)である。5Sで徹底的に「探すムダ」「取り扱いのムダ」「運搬のムダ」「不良のムダ」「在庫のムダ」を排除する。

(2)異常の早期発見、処置と対策

異常の早期発見と処置は、たとえば整頓段階で最大・最小在庫を決め、区画線引きすることにより、過剰在庫もしくは過小在庫がひと目でわかるシステムを作り、異常、問題を浮き彫りにする。

(3)5Sで仕事を回す

生産現場において5Sで仕事を回すと言うことは、たとえば、定常作業では使用する順番に仕掛品や工具・検具を並べて置き、新人でも迷うことなく現地、現物で仕事を遂行できるようにすることである。仕事で必要なものを見えるようにし、5Sで仕事を進められるようになれば、5Sの完全定着化と生産性向上が実現できる。

2. 事務現場の役割・使命と 5S推進の重点

事務現場の役割・使命は、「直接部門である生産、営業部門が効率良く仕事を進められるように支援する」ことが最も重要である。第2には、みずから「事務現場の改善による業務効率化と組織の活性化を実現する」ことにある。

事務現場の5S推進の重点は、対象物が5つの種類に絞れることと、ものの数が生産現場と比較すると少ないこと、そして時間をつくりやすいことから、1年を目安に完成、定着化を目指して推進する(表2)。

事務現場の5Sで最も重要なことは、個人机も対象に推進することである。理由は、1人ひとりの5Sができれば、職場全体の5Sも確立されるからだ。特に、個人机など事務用品の整頓段階で取り組む手持ち基準の設定は、使用頻度に応じた持ち方をする思考に改める機会となる。そして会社見学の際には、事務現場も見学ルートに入れることにより、維持・定着が図れ、見学者に「驚き」を与えることができる。

（小坂　信之）

第2章　5Sの進め方

表1　生産現場の5S推進の重点

No.	対象物	生産現場目的・目標					管理・改善指標の例	5S関連指標例	5S重点ポイント
		生産性向上	品質向上	納期遵守	在庫削減	リードタイム短縮			
		ムダ排除	クレーム、不良低減	欠品、遅延防止	死蔵、長期滞留、過剰削減	遅延・過早対策			
1	材料	○		○	○		保有日数	探し時間	ロケーションと整頓
2	部品	○		○	○		保有日数	探し時間	ロケーションと整頓
3	仕掛品	○		○	○	○	保有日数	停滞時間	異常停滞の見える整頓
4	製品	○		○	○		保有日数	探し時間	ロケーションと整頓
5	設備	○					可動率	清掃時間	非可動の見える整頓
6	型・治具	○	○				段取時間	探し時間	ロケーションと整頓
7	運搬機器	○					運搬係数	運搬時間	運搬方法が見える整頓
8	棚	○			○		保管スペース	探し時間	保管集約と整頓
9	刃具・工具	○			○		消耗工具費	探し時間	個人持ち、共用化の整頓
10	検具	○	○				検査時間	探し時間	保護を考慮した整頓
11	ライン・作業台	○				○	面積生産性	作業時間	コンパクトな整頓
12	容器	○			○		ロットサイズ	取扱時間	小ロット生産を促進する整頓
13	消耗品	○			○		在庫金額	管理工数	見える発注点管理の整頓

表2　事務現場の5S推進の重点

個人机と書類を重視して推進する！
消耗品は発注点管理、ファイリングシステムの確立！

事務現場の対象物と推進ポイントは

① 書類・書類収納什器　→　書類整理、ファイリング
② 机・椅子　→　個人机の整理、整頓
③ 事務用品・事務機器　→　ワンベスト姿置き
④ 備品・消耗品　→　発注点管理
⑤ 家具・雑物　→　徹底した整頓

見学ルートに事務現場の5Sが入っていますか！

12 プロセス（装置）産業の生産現場の5S

プロセス（装置）産業では安全管理、品質管理、設備保全に直結した5Sを推進する

1. 装置産業の特徴

プロセス（装置）産業は、大規模な一連の装置内において、原材料が物理的・化学的に変化して製品を生み出す工業である。業種としては、食品工業、製紙工業、製鉄・製錬、石油精製、化学工場などが該当する。生産現場では、タンク、配管、計器類、ポンプ、モータなどが工場の内外に無数に存在している。

このため、安定して操業をするためには、安全はもちろんのこと、設備保全が重要な業務となっている。また、製品品質を向上させるために、設備の清掃・清潔は重要視されている。

2. 装置産業における5S推進ポイント

上記の特徴から、5Sの推進ポイントを以下に述べる。

⑴安全性を向上する5S

①見える保守作業状況

設備保守作業中に、他の作業者が設備を操作しないように、「操作禁止」「修理中」「給液中」などの札を示すことが必要である。

②見える設備

配管内の液体、気体の名称やその流れ方向を目で見てわかるようにすることで、事故防止につなげる。

⑵製品品質を向上させる5S

①異物混入対策

設備周辺には、すぐに使うものや使用頻度の高いものに限定した上で、要るものすべてを指定席化することが必要である。これにより、段取り作業で使用した工具（異物）を装置内に置き忘れ、異物として混入することなどがないようにする。

また、装置・プラントの内外から製品に混入することが多いため、品種の切替え時や定期停止時に清掃ルールに基づいた清掃作業や消耗備品の交換、メンテナンスが必要となる。

②汚染源対策

スケールや液体材料が設備や配管、床に付着し、それが、製品に混入するだけでなく、設備故障といったトラブルに発展することも少なくない。このため、汚れが飛散・拡散しないようにするだけでなく、汚染源をなくすための作業の改善、設備上の保守・改善を行う必要がある（→「53」）。

⑶設備稼働率・保全力を向上させる5S

①装置・部位・配管

装置工業は他の業種に比べて、プロセスが見えないためにわかりにくい。このため、工程表示、装置名称やタンク・配管内の物質名とその流れを見えるようにする。併せて、清掃から発展して、設備部位・機器に設備点検ルールを表示して、いつ・誰が・どの部位の保全をするのかを見えるようにする（**写真1**）。

②工具・備品

設備の稼働率を向上させるためには、段取作業や設備故障時の修理時間を短縮することが必要である。このため、段取作業、故障修理用工具ともに用途、使用頻度に基づいた持ち方を「手持ち基準」に規定し、それに基づく整理と整頓を行うことが必要である。

③予備交換部品

設備故障による停止時間を短縮するためには、定期保全基準に基づいて必要な予備品の発注在庫基準を設定し、必要な時に必要な数をすぐに探して使えるようにして、設備停止時間を削減する（**図1**）。

（佐藤　直樹）

第2章　5Sの進め方

写真1　見える設備保全事例

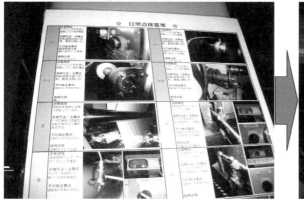
日常点検基準表（例）

見える点検基準（例）

図1　予備品の整頓事例

設備予備品　発注在庫基準表									
部署名：　施設部								更新	2015年7月1日
部品No.	品名	品番/規格	メーカー名	ロケーションNo.			発注在庫基準			調達LT	調達先
^	^	^	^	棚No.	段	番地	発注点	発注量	最大在庫量	^	^
1	シーケンサー	ABC-55	中産連工業	B	4	1	0	1	1	1週間	中産連商事
2	シーケンサー	ABC-56	中産連工業	B	4	2	0	1	1	1週間	中産連商事
3	シーケンサー	ABC-57	中産連工業	B	4	3	0	1	1	1週間	中産連商事
*											
			以下、省略								

予備品の発注在庫基準に基づいて、見える在庫管理を行う

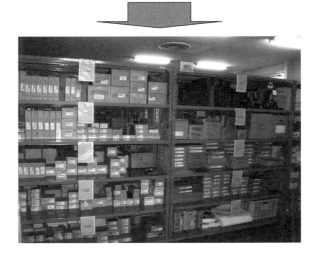

13 加工組立産業の生産現場の５S

作業性を考慮した整頓と仕掛品の状態管理がポイント

1. 加工職場の整頓ポイント

加工職場といってもさまざまな形態があるが、一般的には加工機械が配備され、治具、型、工具、測定具、刃具、潤滑油、吊り具などが職場に多く保管されている。保管場としては、キャビネットや台車が活用されているが、作業台の上や棚に無造作に置かれている場合も多く見かける。

生産性の向上や作業ミスの防止を図る上で、これら保管品の整頓が必要である。加工職場の整頓ポイントを以下に挙げる（**図1**）。

①工具類などは極力一品ごと指定席化し、余剰物や不足物が容易に判断できるようにする

②作業動線が小さく取り出しやすい置き場・置き方を考え、ひと目で探せる表示を行う

③共用工具類などは持ち出し管理（誰が使っているのかわかる表示付けなど）を行う

④消耗品（刃具など）の発注点管理（どこまで減ったら、どれだけ購入や補充するか）を行う

2. 組立職場の整頓ポイント

一般的に組立職場とは、複数のパーツや部品を組み付けて製品形状にしていく現場である。職場内には組立に使う治工具類や部品が作業台、棚、パレット、通い箱などに置かれているが、どこに何があるのか、いくつあるのかよくわからない作業場も多く見かける。

組立職場の生産性と品質の向上において、整頓ができているかどうかは大きく影響する。探すムダや取り出すムダを減らし、部品の種類や数量を正しく把握するための整頓は重要である。

組立職場の整頓ポイントは前述の加工職場と同様であるが、持ち込まれた部品の種類や員数を間違えないようきめ細かい整頓を行い、取り置き動作のムダを極力少なくするための作業場づくりや作業改善を進めていくことが求められる（**図2**）。

3. 仕掛品の状態の見える化

加工職場には加工前後の素材や部材が、組立職場には組立中の製品や組立前の部品といった仕掛品が置かれている。これら仕掛品の整頓では、まず置き場の定位置化や数量の見える化から始めるが、その後は状態の見える化まで進める必要がある。

状態の見える化については、進行・停滞状態の見える化が重要である（**図3**）。進行状態の見える化とは、加工対象物や組立品の工程がどこまで進行しているのか、次は何を仕掛けるのかといった状況を見えるようにすることである。見える化の手段としては、置場エリア（区画線、パレット、棚、台車など）を決め、置場表示（床面表示、吊しカンバン表示、立てカンバン表示など）を行う。これを行うことで、ものの流れ状況から各工程の能力を把握し、工程間の応援体制などの処置もとれる。

停滞状態の見える化とは、その置き場に何日間滞留しているのか、当初の工程通過予定に対して進んでいるのか遅れているのかを見てわかるようにすることである。停滞許容日数や各工程完了予定日などの基準を置き場や現品票で見てわかるようにし、現品が持ち込まれた日や工程が完了した日と照合して、停滞異常の有無を判断できるようにする。これを行うことで、停滞異常品の処置を促し、製造リードタイム短縮に寄与することができる。

（山口　郁睦）

図1　加工職場のホルダー整頓

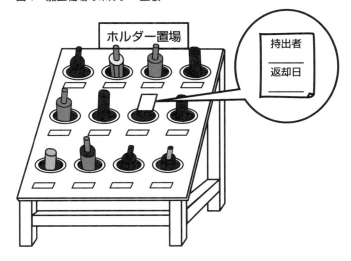

図2　組立職場の部品整頓

図3　仕掛品の状態の見える化

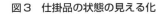

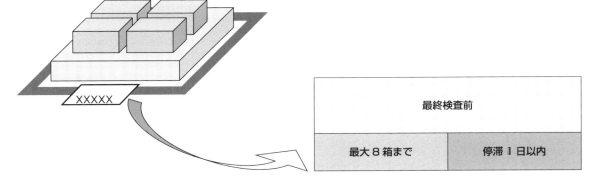

14 個別受注産業の生産現場の5S

ものの管理が煩雑になりがちな
個別受注産業の特色を捉えて5Sを進める

1. 個別受注産業の特色と
5Sを進める上での問題点

　個別受注産業の特色は、顧客の仕様要求に対して個別に設計し、案件ごとに必要な材料、部品を調達し、生産することである。そのため、材料、部品に繰返性が少なく、ものの管理が煩雑になりやすい。以下に、5Sを進める上での問題点を挙げる。

(1)材料、部品の死蔵、長期滞留が発生する

　繰返性が少ないこと、製作途中のキャンセル、仕様変更などにより、死蔵品や長期滞留が発生し、生産現場、倉庫にムダなスペースを生み、作業動線を悪くする。

(2)固定的な置き場、置き方、表示が難しい

　案件ごとに必要な材料、部品を管理するため、固定的に置き場を決めて表示をすることが難しい。そのため、準備、段取り時に、探すムダ、確認するムダが発生する。

2. 個別受注産業の5Sの進め方

　個別受注産業だからとはいえ、5Sを進める上で基本的に一般の製造業と変わることは少ないが、前記の問題点に留意して進めないと、途中で頓挫する可能性がある。具体的な進め方は以下のとおりである。

(1)材料、部品の徹底的な整理

　材料、部品の死蔵、長期滞留品の定義を明確にする。たとえば、購入後6カ月から1年未満使用していない場合は長期滞留品、1年超は死蔵品と、未使用期間で定義する。また、製造終了後、保証期間が過ぎたら処分することを決めて都度整理を徹底すると、死蔵、長期滞留が発生する可能性はなくなる。

(2)専用品、常備品に分けて整頓

　専用品、常備品の定義、ルールを明確にして整頓を行うことが重要である（**表1**）。

　案件ごとに購入して使用する専用品は、現物表示を徹底する。具体的には、製番、製品名を明記することで、案件ごとに準備する時に、探すムダ、聞くムダがなくなる。また、投入日、使用予定日を明記することで、滞留状況がわかり、滞留している原因追求と対策を早めに行える（**表2**）。

(3)製品の大きさに応じた整頓

　個別受注産業では、製品の大きさが変わることが多い。そのため、作業場や仕掛品置き場の位置や面積が変わることが多いため、ものを探す時間も増え、ムダが発生する。そこで、置き場が変わっても表示できる工夫が必要である。たとえば、床に引く区画線の代わりにチェーンで囲う、移動式のスタンドを利用した表示などである（**図1**）。

(4)清掃・清潔は都度、日々清掃を徹底

　工作機械や特殊設備を製造する個別受注生産企業の場合、繁閑差に応じて作業場が変わることが多いため、清掃・清潔が乱れやすくなる。そこで、作業終了都度の床清掃、端材廃棄をしやすくするために移動式の清掃用具やゴミ箱を用意し、その都度、日々清掃をしやすいようにする。

(5)管理システムの改善との連携

　個別受注生産産業は、納期厳守が最重要課題である。そのため、表2にある現品票の使用予定日には、組立工程納期を明記し、納期遅れを未然に防いでいく。また、材料、部品の滞留は、設計、生産管理、購買の仕事の進め方に問題があるケースが多い。たとえば、設計ミスや余裕を見すぎた材料発注などであり、設計ミス低減、発注方法の改善と連携して進めることも重要である。

（丸田　大祐）

第2章　5Sの進め方

表1　専用・常備材料の区分ルール例

	専用材料	常備材料
定義	製番単位で購入し、原則、当該製番で使い切ることを原則とする材料である	汎用性が高く、工場内に常備し、製番単位に引き当てる材料である。また、作業全般で使用するウエス、油、洗浄剤などの消耗品も常備材料に該当する
管理方法、管理部署	品質管理課で受入検査を行う。生産現場に払出し後は、製造部にて管理する	購買部で購入、管理する。製番で引き当て後は、費用の振替を行う
整理方法	製造終了後、余剰になった材料は、原則、廃棄である。しかし、品質保証が必要なものは、保証期間内にサービスパーツとして製造部で保管する	1年に1回、在庫や使用状況を見て、発注点、発注量を見直して整理を行う
整頓方法	製造中には、案件名、製番コード、投入日、使用予定日を明記した現品票にて、材料保管エリアに整頓する	常備材料置場で、置き場を決めて位置表示を行い、誰もが探せるようにする。また、発注在庫管理基準で管理する材料は、発注点、発注量を決めて整頓する

表2　材料・部品の整頓事例

投入部品表示札		担当
		丸田
製番	150123	
製品名	C114―1	
投入日	20××年△月○日	
使用予定日	20××年△月○日	

図1　スタンド式表示方法例

15 営業部門の5S

チーム営業で売上げアップ！5Sで情報を共有化し、コミュニケーション力を高める

■ 1. 営業部門における業務の特色

営業部門は、取引先と直接コンタクトをとる関係にあり、厳しい経済環境であろうとも会社の業績を左右する受注獲得が強く求められる。そしてその過程では、さまざまな情報のやり取りや問合せ、クレーム対応、トラブル解決の窓口にもなるなど、会社の顔となって活躍する部門である。

社内においては、営業の情報に基づいて多くの業務がスタートしていく。設計の開始、原料や部品などの仕入れ、生産の手配、納品などのプロセスは、すべて営業部門からの情報を基に動き出していく。それだけに、営業部門で仕事上の整理・整頓がきちんとできていないと、無用なミスやトラブルで社内の混乱を招いたり、受注機会を喪失したりする原因にもなる。

■ 2. 営業部門の5Sの重点推進ポイント

5S推進ステップは製造部門と同様に進めていけばよいが、特に重点化するポイントが組織総合力を高める整理・整頓である。

まずは、個人机のもの、書類、PCデータの5Sからスタートする。乱雑な机ではいい仕事ができないことは言うまでもない。また、営業部門の問題点としてたびたび見受けられるのが、顧客情報の属人化に起因する隠ぺいや、個人の能力に依存しすぎた営業活動による失注である。

そこで、5S活動を契機に考えを変え、営業の機能分類を明確にした上で、商談記録や人脈図などの企業の財産となる情報については、極力属人化させないための仕組みを整備しよう。仕掛書類や顧客情報の共有化・センター管理で、必要な書類が誰でも取り出せるようにしていく（**写真1**）。

内勤メンバーは、担当営業が外出中でも顧客からの問合せに対してはある程度対応できるようにしておくべきで、これを可能にする整頓ができていれば、顧客からの信頼も増してくる。また、すぐに陳腐化しがちな営業スキルやマニュアルについてもチームごとに分類・整備してその都度更新されるルールづくりと、道具立ての作成も必要である（**写真2**）。

その結果、担当変更や引継ぎでも混乱することなく一定以上のパフォーマンスが発揮できるようになり、チームの総合力がアップしていく。営業が業務を通じて得た顧客情報は企業の財産であり、共有化・標準化することで新たな付加価値が生み出される。

■ 3. 営業部門の5Sの重要性はますます高まっていく

営業活動においては、経験や折衝スキルばかりが注目されがちだが、情報や書類、身の回りの5Sを実施することは、実は業務改善に直結する。5Sができている営業は、それ自体が立派なスキルであると言える。

営業部門5Sの効果としては以下が挙げられる。

(1)生販一体の管理体制を確立

製造部門と同じ活動を通じての一体感が生まれ、全体最適の考えを共有した営業活動ができる。

(2)行動量アップとクイックレスポンス

一般的に営業成績は行動の量に比例して推移していくと言われるが、5Sによって情報検索や書類捜しなどがスムーズにできるので、本質的な活動に時間を有効利用できる。

(3)営業ノウハウの共有化・標準化につながる

営業活動の各プロセス（事前準備／訪問／調査／提案／契約）や商談履歴情報の共有化は、経験の浅い営業部員の情報活用を容易にし、営業ノウハウ

として標準化することで安定的なスキルとなる。

(4) 組織営業を可能にする

情報の共有化によるオープンな営業風土は、各人のパフォーマンスアップ・モチベーションアップにつながり、さらなる共有化を可能にする。このことにより、自社独自の営業ノウハウが蓄積され、組織営業の強化が図られていく。

営業5Sは、改善の視点をもって本気で進めていくと多くのことが見えてくると同時に、確実に組織全体の力を高めていく。IT化では実現できない実務に根差した情報共有を推し進めていくことが営業部門強化のカギとなってくる。

（吉田　修二）

写真1　顧客情報の共有化・センター管理

属人化を防ぎ、進行中案件などの情報を共有化

写真2　営業ツール（マニュアル／問答集）

自社独自の営業ノウハウとして整備・標準化

16 技術部門の5S

技術部門の5Sは、創造的な業務に集中し、コミュニケーションを活発にするのがねらい

1. 技術部門の5Sが進まない理由

技術部門には、研究・開発部門、設計部門、生産技術部門などがある。これらの職場で共通して見られる傾向として、書類や図面、実験器具、実験用原料・試薬、試作品サンプルなどの5Sがなかなか進まないという問題点がある。

技術部門では、5Sの徹底がなぜできないのか。その原因には、5Sに対する意識の薄さがある。要するに5Sの優先順位が低く、後まわしになりがちなのである。

居室や実験室は、製造現場のように顧客や他部門に見られることは少なく、探すムダに対する問題意識も薄い。また、技術者には、「創造的な仕事をしている」という自負心があり、この考え方が5Sの軽視につながっている場合が多い。

5Sが遅れている場合の具体的な問題点として、書類や図面などを探し回る、実験しようとすると原料や試薬がない、試作品サンプルがどこにあるのかわからない、他部門からの依頼事項の書類を紛失したなどのムダが挙げられる。

2. 技術部門の5S活動の目的

技術部門の特性として、最初は5Sに対しての理解が薄くて取組みが遅れても、その意義をきちんと説明し、効果を納得してもらえれば、積極的に取り組む傾向がある。「5Sの効果としては、もの探しなどの雑務に奪われている時間を創造的な業務に向けられること」「技術部門の5Sが乱れていると、製造部門に品質面で悪影響を与えていること」などを理論的に、粘り強く説明していくと良い。

技術部門の5S活動の目的を以下に挙げる。

(1)**効率的な業務環境づくり**

①書類や図面などの整理、整頓（ファイリング）を進めて、最新版がすぐに探し出せるようにし、効率的に技術業務ができるようにする

②実験器具、実験用原料・試薬、試作品サンプルの5Sを進めることで、欠品や過剰在庫もなくなり、実験を効率的に進めることができる

③職場の棚や机まわりの整理、整頓を進めることで、技術部門として創造的業務に集中できる環境ができる

(2)**コミュニケーションの活発な職場づくり**

①机、資料・図面棚、CADなどの配置を見直し、レイアウトを改善することで、コミュニケーションが活発になる。その結果、技術面の迷いが早期解決し、効率的な仕事ができる職場をつくる

②仕掛書類BOXを活用して業務を見える化することで、仕事の遅れに対する情報を見える化し問題点を早期解決に導く

3. 整理・整頓の具体的な進め方

技術部門での5S活動の推進は、以下のようなステップに従って進める。

(1)**整理の推進**

①技術部門で整理ができていないものに、技術資料がある。以前に設計・開発したもので、その設計者がすでに職場にいない場合は、資料を探し出すことが困難な場合が多い。この技術資料を徹底的に整理することで探しやすくする

②実験用原料や試薬について、使用期限が切れているケースがある。これらを整理していく

③自社の試作品サンプルや他社サンプルの数量

が多すぎて、どこに何があるか探し出せない場合がある。陳腐化したものや壊れたものは、整理基準に従って整理する

(2)整頓の推進

①技術資料の種類には、技術項目ごとの書類(業務ファイル)と開発案件ごとの書類(物件ファイル)がある。特に、開発案件ごとのファイルは資料をとじる順番を決めておき、どの案件でも該当資料を探し出せるようにする(**図1**)

②実験用原料や試薬の整頓は、その種類によってグルーピングして、表示をして整頓を実施していく(**写真1**)。使用期限もわかりやすく表示する

③自社の試作品サンプルや他社サンプルについて、サンプル票を活用して、保管責任者、サンプル品名、保管開始日、保管期限を明確にすることで、整理しやすくする(**表1**)。またグループごとに置き場所を分類するとよい

(山崎　康夫)

図1　技術部門の物件ファイル例

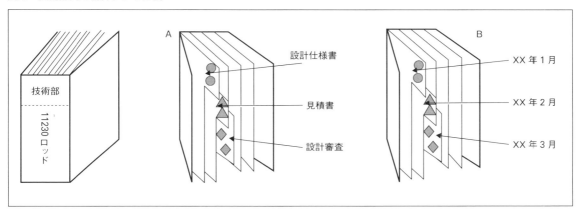

写真1　実験用原料の整頓例

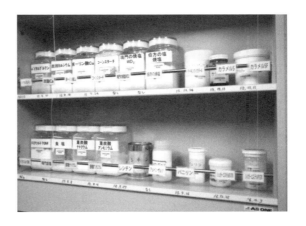

表1　サンプル票

```
サンプル票
保管責任者：　山田太郎
サンプル品名：開発 No11230
　　　　　　　ロッド A
保管開始日：20XX 年 9 月 1 日
保管期限：　 20XX 年 8 月（3 年間）
ロケーション：棚 B 上段
```

17 モデル職場の5S活動

モデル職場の集中改善で革新につながる 5S活動へレベルアップ

■ 1. モデル職場の5S活動の目的

5S活動を行っている会社は数多くあるが、革新・イノベーションにつながる5S活動を実施できている会社は少ないのではないだろうか。

5S活動開始時の目標が忘れられ、閉鎖された現場メンバーでの活動では、「ここまで整頓できれば十分だろう」「このラインはきれいになった」など、自分たちで限界をつくってしまったり、マンネリに陥ってしまったりする職場がよくある。

たとえば、機械加工職場で汚染源対策ができていないために清潔が実現できない職場は、1つの工程、ラインをモデル展開職場として設定し、切粉、油煙、ミストの汚染源対策を集中して実施する必要がある。

5Sは全職場展開が原則であるが、モデル職場を設定して短期間で集中改善することで、今までの組織の常識を打ち破った職場を実現することが、モデル職場での5S活動の目的である。

■ 2. モデル職場での5S活動の手順

以下に、モデル職場での5S活動の手順を示す。

(1)モデル職場の選定

集中改善を行い、新しいマネジメントや成果を見えるようにするため、モデル職場は従業員がよく通る現場や、重要な工程・設備・ラインで実施することが望ましい。

(2)活動メンバーの選定

モデル職場で働く従業員が中心だが、現状を打破し、革新的な取組みを行うために、工場長・課長など管理者クラスも参加する。

また、設備や品質保証など他部門からも参加・協力を要請し、見本となる5S展開を狙う。

(3)目標と期日の決定

具体的な活動の目標を設定し、VMボードなどを使いメンバーで共有する。チャレンジングな目標になっていること、目標が具体的で共有できることがポイントである(**写真1**)。

5Sは全職場展開が原則であり、短期集中を意識した期日を設定する。

(4)改善アイデア出しと実施計画の作成

メンバー全員で、モデル職場の持つ問題点や課題、改善のアイデアをより多く出す。職場レイアウトや工程フロー図などを貼り、ブレーンストーミングを行い、そのまま書き込んでいくのがよい(**写真2**)。

アイデアの中から実施すべきことを選び、担当と期日を決め、実施計画を策定する。アイデアを書き留めた紙に、担当者と期日を記載する方法も有効だ。

実施状況は、定期的に確認し、実施状況・遅れや問題などがあれば、その場で記載する(**写真3**)。

(5)実施内容の評価・活動成果のまとめ

当初の目的・目標に対して、どのぐらいの改善・革新が実現したか、客観的に評価する。活動成果はビジュアル化し、組織全体で共有できるようにする。また、驚きと感動を与える職場として、顧客へアピールすることにも使用する(**写真4**)。

(6)モデル職場の横展開

ビジュアル化した活動成果を通じ、革新・イノベーションを伴うノウハウを横展開して、職場全体の5S活動をレベルアップする。報告会では、メンバーによる説明を行うとモチベーションの向上につながり、5S活動の活性化が期待できる。

(黒田　啓介)

第2章　5Sの進め方

写真1　改善中のモデル職場

写真2　改善アイデア出し

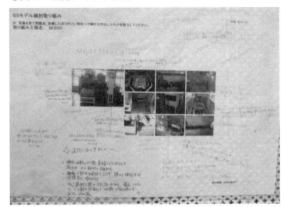

写真3　実施計画と進捗管理

写真4　改善の効果のまとめ

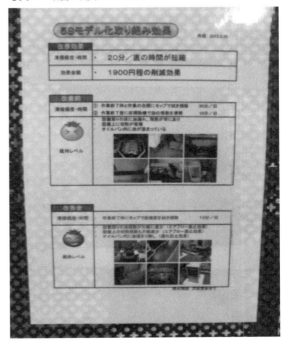

第3章 5Sの組織化

18 5Sの組織化

推進委員、リーダー、事務局の選定と
熱意のある活動が、5S推進成功のカギを握る

1. 5S活動の組織化は全社で行う

5S運動を効果的に推進するには、機能的な組織づくりと運営が欠かせない。組織化のねらいは次の点にある。製造部門だけではなく、管理・間接部門も活動対象に含めて、全社的に5S運動を継続的に推進する。

5S運動は、製造部門だけで推進すればよいと考えるのは大きな間違いである。管理・間接部門が製造部門のQCDに与える影響は大きく、管理・間接部門も襟を正して5Sを実施するように組織化を図る。また、その他の組織化の目的としては次のとおりである。

①効果的な手法、方式、道具を全社的に検討し、全社共通ルールとして採用する
②自主的な5S活動を推進する
③職制のパワーを活用する

2. 5S委員会の設立

上記の目的を達成するために、5S委員会を設立する。5S委員会の活動のポイントは、5S運動を活発に、かつ継続的に推進するために必要となるPDCA（計画・実施・評価・改善）を展開する点にある。このため5S委員会は、通常月1回程度開催するようにする。5S委員会は、次のような組織構成から成り立っている（**図1**）。

①5S委員長、場合により副委員長を設置
②5S推進委員
③5S推進事務局

④5Sリーダー（委員会に入らない場合あり）

規模が小さい企業では、5S推進委員が5Sリーダーを兼務して組織構成を簡略化するケースもある。

3. 5S委員長、推進委員の役割

5S委員長は、5S運動を統轄し推進するのが役割である。このため5S委員長としては、会社の5S運動へかける意気込みを示すためにも、社長や役員、または対象組織のトップが当たるのが好ましい。もちろん、5Sに対する情熱がある人が適任となる。

5S推進委員は、全社的な運動の計画・実施・評価や指導を率先して行うと同時に、各部門の代表者として、自部門の5S運動の推進および成果の責任を負うことになる。このため、5S推進委員は工場長クラスや部課長クラスの管理者から、指導力のある人を選ぶ。

4. 5S推進事務局と5Sリーダー・サブリーダーの役割

5S推進事務局は、5S推進委員会の運営上必要な事務処理を行うと同時に、5S運動の企画立案や運動がスムーズに展開するよう、黒子的に各職場をサポートする。このため事務局としては、課長ないしは係長クラスの経験豊富な人材が望ましい。熱意をもって推進委員やリーダーを引っ張り、委員会をまとめられる力量が必要だからだ。大きな組織であれば、事務局長と2〜3名の事務局を

設けることもある。

一方、各職場では、実際に5S活動を推進する役割としてリーダーを選任する。5Sリーダーは、係長、班長クラスから選ぶとよい。また場合によっては、情熱のある若手のサブリーダーを選任して積極的に5Sを推進する体制を敷くこともある。5Sリーダーは1年ごとに交替するケースもあり、その際はサブリーダーが5Sリーダーに昇格して、新サブリーダーを新たに選定することが多い。

また先に述べたが、製造部門だけでなく、管理・間接部門も活動対象に含めた場合の組織化事例を図2に示す。製造事務所チーム、品質保証チーム、総務・経理チームなどが管理・間接部門として5S運動に参画することになる。

（山崎　康夫）

図1　5S推進組織の体系

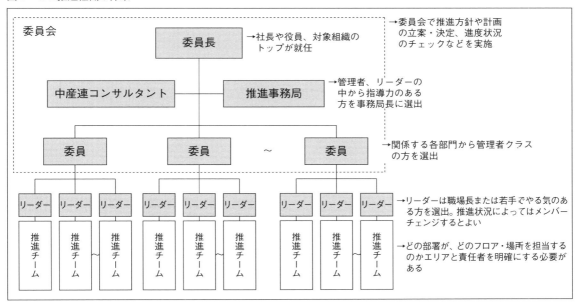

図2　管理・間接部門も5Sに参画

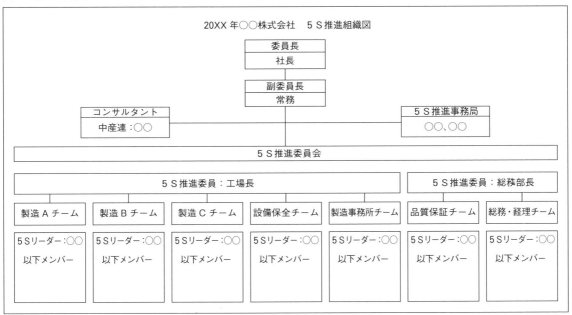

19 5S推進ブロック化

5Sの推進には、組織化と同時に推進ブロック化も必要である

1. 5Sの推進ブロック化の意義

5Sの組織化を実施したら、次はその組織が分担する5Sのエリアを決める（5S推進のブロック化を図る）必要がある。なぜなら、せっかく組織化をしても、自分が分担するエリアがはっきりしないと、どこを対象に5Sを実施してよいのかわからず、結果的には中途半端な状況で5Sが推進されてしまうことになるからだ。

たとえば、製造Aチームと製造Bチームが共通に使用している消耗品棚があったとして、この棚をどちらのチームが担当するかを決めないと、他のチームが「5Sをやってくれるだろう」と勝手に解釈して、結果的に5Sが進まないことになる。すなわち、会社や工場で5Sを推進する場合、敷地内のすべてのエリアをブロック分けすることになる。その目的は、5S活動推進の責任権限をはっきりさせることである。

2. 5S推進ブロック分けの考え方

5S推進ブロックを分ける場合、基本的には該当組織の活動範囲（たとえば対象設備、対象ライン、対象製品置場など）が担当ブロックになるが、考慮すべき事項は、5S組織の人数と担当ブロックの敷地面積や5S対象物のボリュームのバランスが取れているかどうかである。具体的な5S推進ブロック化の手順は次のようになる。

⑴組織区分図の作成と人員配置

まず、会社や工場の全体のレイアウト図を基に、5S組織に対応した区分けを実施する（**図1**）。1つの5S組織でエリアが広すぎる、または場所が離れていることで管理をしにくい場合は、2つに組織を分割することも可能である。次に、作成した各区分に、推進リーダーとメンバーを配置する。

⑵5S組織とエリア図の見直し

⑴で、担当人数と敷地面積や5S対象物のボリュームを鑑みて、区分・分担のバランスが取れていない場合は、5S組織とエリア図を見直す。ただし、これを実施したとしても、現実的には均等に区分できることは少ない。この場合は、5Sタイムの時に、負担の軽い部署から負担の重い部署に"人"を貸し出すルールをつくっているところもある。

たとえば、ある工場では、事務部門の女性を製造部門の5S組織に配置して、表示物を作成することで、5S活動がうまく推進したケースがある。

⑶共用部分・場所の分担決め

組織・人に対応した場所や区分は簡単に決められるが、会社や工場には"共有部分・共有場所（建物内通路、階段、工場内道路、会議室、食堂、更衣室、書類倉庫など）"がある。これらについては、全体の負担バランスを考えて、担当共有エリアを割り付けていくとよい。

また書類書庫については、たとえ責任チームが決定したとしても、他部門の書類を扱うことはできないので、他部門に対する整理・整頓の指示の権限を持つことになる（**表1**）。

3. 5S推進ブロック図の確定と掲示

このようにして、5S推進組織と担当ブロックを決めていくが、最終チェックとして、対象のすべての場所の分担が決まっており、分担不定の場所がないことを確認する。また、推進組織のメンバー数が適度な人数になるように考慮する。目安としては、1推進区6〜10人位である。

5S推進ブロック図は、5S推進組織図とともに作成されるが、組織図と担当推進区域を同一の色で表すことにより、視覚的にわかりやすく工夫し

ているところもある。そして、これらは食堂や従業員用の玄関など、誰もが見える場所に掲示することで、5S活動を全員に周知するとよい。

（山崎　康夫）

図1　5S推進ブロック化例（食品工場の例）

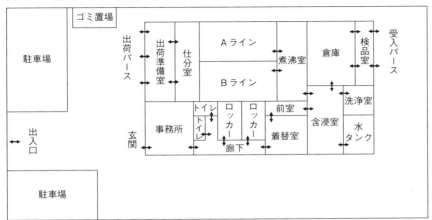

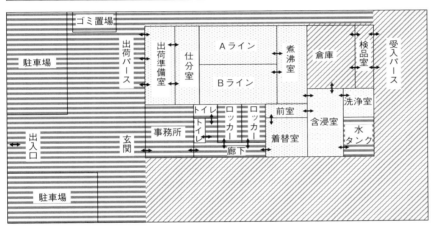

表1　共有部分の5Sの進め方

担当エリア責任者が5S計画を立案
↓
他部門に整理・整頓を依頼
↓
依頼された部門が責任部分の5Sを実施・報告
↓
担当エリア責任者が5Sの実施状況を確認

20 5S活動管理板

全員を巻き込んで計画的に推進するためには、見える活動管理が肝要

1. 5S活動管理板の必要性

5Sを推進している多くの組織において、計画通りに推進できない、全員の参画度が低いといった問題点を抱えているケースは非常に多い。この主な原因としては、

①職場における活動の目的、ねらいが周知・理解されていない

②活動における1人ひとりの役割が目で見てわからない

③活動の計画とその進捗状況が目で見てわからない

④5S点検における指摘事項とその改善状況が目で見てわからない

といったことが考えられる。

この解消のためには、職場の5S活動の目的、実施計画とその進捗状況、5Sの点検評価結果とその対応状況といった活動のPDCAを見えるようにし、メンバーに周知して共通認識を持つことが非常に重要となる。

2. 5S活動管理板の道具立てとレイアウト

上記の目的を達成するためには、組織全体および各推進区において、活動のPDCAが見える道具立てを設置することが必要である。具体的には、組織全体は事務局が、各推進区では推進責任者が中心となって、打合せができる場所を選定する。以下に、5S活動管理板に必要な道具立てを示す。

(1)Plan(プラン)

①活動スローガン、目的、目標

②推進区分図

③推進組織図(メンバーの顔が見える化)

④活動の計画(年間計画、月次活動計画)

(2)Do(ドウ)

①活動の計画に対する進捗

②計画どおりかがひと目で見える評価マーク

③実施した改善事例(写真)

(3)Check(チェック)

①5Sの点検結果(評価点および指摘事項)

②目標点数の達成度がひと目で見える評価マーク

③5S評価点推移グラフ

(4)Action(アクション)

①5S点検での指摘事項に対する改善計画と実施状況

②5S委員会での決定事項

③これまでの改善成果

5S活動管理板では、これらP→D→C→Aの流れが見えるレイアウトにする。その例を**図1**に示す。

3. 5S活動管理板の運用

「5S活動管理板」は、名前のとおり、貼りっぱなしの「掲示板」とは異なる。この管理板でPDCA管理サイクルを見えるようにして回すことが必要である。このため、5S活動管理板の運用ルールを設定して関係者全員を集め、5S活動計画の指示と計画に対する進捗の確認や、点検結果の周知と点検における指摘事項に対する改善計画(誰が・いつまでに・何をする)を決めるといった活用が必要となる(**表1**)。

このように、5S活動管理板を設置するだけでなく、活動板の活用することによって全員の参画度が高まることで、計画どおりの推進がなされて目的・目標の達成が得られる。

(佐藤　直樹)

第3章 5Sの組織化

図1　5S活動管理板

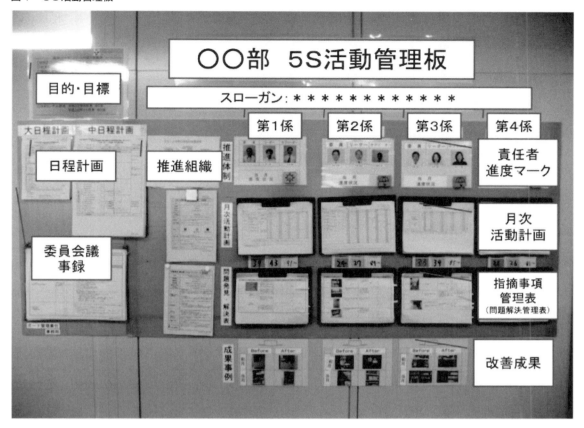

表1　5S活動管理板の運用ルール例

```
5S活動管理板　運用ルール（例）

1. 目的
   ■5S活動の活性化とさらなるレベルアップを図る

2. ミーティングルール
   ■主催者：5S事務局、メンバー：佐藤、原、藤田　司会：鈴木
   ■開催：毎週月曜日、8：30～8：45
   ■議題
   ①前週の活動の進捗報告（各担当）
   ②今週の活動計画（各担当）
   ③その他連絡事項（事務局）
   ④部長からの総評

3. 記入ルール
   ■計画P：5Sリーダーが、前月末までに当月の活動計画を作成
   ■実績D：各担当が、実績の都度、計画に対する進捗結果を記入する
   ■…………
```

21 5S委員会と職場の自主的活動

コミュニケーションと活動の仕組みを確立して、全員の参画度を高めて活動を活性化させる

1. 5S委員会開催の意義

5S推進組織を確立後、全員参加で活動が計画的に進められるように、5S委員会や5S職場会議などといった内部コミュニケーションをとることが必要となる。5S委員会組織は、基本的に、5S委員長・副委員長、事務局、5S委員で構成される（→「18」）。

5Sを推進するにあたっては、以下を目的として定期的に5S委員会を開催する（**写真1**）。
①推進組織全体の目標・計画、活動状況、問題点、課題についての報告・討議・決定
②各推進区の活動目標・計画、活動状況問題点、課題についての報告・討議・決定

2. 5S委員会の進め方

以下に5S委員会の役割分担、式次第を挙げる。
①委員会幹事・議事進行
・推進事務局長
②参加対象者
・5S推進委員長、推進事務局、推進委員、推進リーダー
③式次第（例）
a. 開会の挨拶
b. 5S活動報告と今後の予定（各推進区）
c. 推進組織全体の点検パトロール結果の報告
d. 推進組織全体の問題点・課題について
e. 5S推進委員長　総評
f. 5Sスローガン唱和（全員）
③委員会議事録

参加者が「議事録」を作成し、各推進区にて5S活動管理板などで見えるようにして周知する。最も重要な点は、5S推進委員長が委員会の最後に総評してもらうことによって、この活動に対する期待と重要性を委員会メンバーに伝えることである。

3. 5S職場会議の進め方

5S活動を円滑に推進するために、5S活動を具体的にどのように進めていくか推進リーダーを中心に話し合うことが重要である。5S活動管理板の前に推進リーダーを中心に全メンバーが集まり、短時間で頻度多く立ち会議を行う。これによりメンバー間のコミュニケーションも良好になり、活動が活性化される（**写真2**）。
①委員会幹事・議事進行
・推進リーダー
②参加対象者
・推進リーダー、メンバー、オブザーバー（推進委員）
③議事進行例
a. 改善報告と問題点、次回までの改善計画
b. 改善に対する指示（リーダー）
c. 推進リーダーまとめ

4. 5Sタイムの実施

5S活動は忙しい中でも時間を確保して、一歩一歩前進する必要がある。しかし、日々忙しいと5S活動が後まわしになったり、職場の同僚が忙しくしているのを見ると活動を始めにくい雰囲気になったりすることもよくある。

このため「5Sの日」をつくり、関係者全員が集まって一斉に活動を実施する「5Sタイム」を設けている。これにより、5S活動が習慣化して全員の参画度が高まると同時に、5S活動が当たり前の風土に改善される（**図1**）。

（佐藤　直樹）

第3章　5Sの組織化

写真1　5S委員会の風景

写真2　5S職場会議の風景

図1　5Sタイム　ポスター事例

22 5S活動規約と推進マニュアル化

5S活動を会社の風土として根付かせるために、活動の決め事や手順を文書化する

■ 1. なぜ、5S活動の文書化が必要なのか

会社組織では通常、大から小までさまざまな活動（プロセス）に対する規程や手順書を整備している。こうした文書は、日常業務の中で頻繁に活躍する性質のものではないが、新人に対する教育や、何か問題が起きたときの「そもそものルール、標準はどのようなものであったか」という立ち返りの際に活用される。したがって、日頃はなかなか目にする機会はなくとも、やはり会社組織の重要プロセスについては、文書化しておく効用が期待できるのである。

そこで、あらゆる改善活動の基盤となる5S活動についても、規程（規約）や手順書（マニュアル）を整備しておくと、より活動に持続性を持たせられると言える。

■ 2. 活動規約と推進マニュアル

⑴ 5S活動規約

5S活動規約は、5S活動を維持・運営していくうえでの「取り決め」を明確化しておくものである。取り決めとは、これまでの項目で紹介してきた、5Sの組織化、推進ブロック化、活動管理板の設置、委員会の開催などに対するものが中心となる（**表1**）。

たとえば、5S推進委員会の基本的な組織構成（職場ごとに委員とリーダーを置くのか、どういうタイミングで更新するのか）、活動管理板の要件（チームごとに製作・設置するのか、レイアウトのひな型をどうするか）など、整理や整頓などの個々の実施の手順ではなく、組織として5S活動を継続させていく上で欠かせない約束事を、5S活動規約では規定するのである。

⑵ 5S推進マニュアル

次に、5S推進マニュアルであるが、これは、整理、整頓…のフローに沿って、主にそれぞれの基本手順を文書化していく。文章だけでなく、図版や写真も交えて作り込んでいくとわかりやすいものになる。特に、整理や整頓の基準表（不要品基準、手持ち基準、整頓基準など）は、図版とともに記入例を載せておかなければ、そうした基準の意図は読み手に伝わりにくいだろう（**図1**）。

また、整頓はさまざまな好事例を、その効果の解説とともに写真で掲載しておくと、読み手にとってはその必要性が一目瞭然となる。

■ 3. 文書化のポイント

こうした文書の常ではあるが、あまり詳細に記述してしまうと、内容が陳腐化するのも早く、また作成側も息切れしやすい。したがって、「How（方法）」よりも「Why（目的）」「What（要求）」に重点を置き、ポイントをコンパクトにまとめるよう注意しよう。セクション、サブセクションといった階層化、切り分けも、複数の世代にわたる編集を容易にする。

また、組織で整備している既存の文書の様式を利用して作成し、組織のマネジメントシステム（ISO9001など）に組み込むことも一考の価値がある。こうした文書の場合、一般的には、「目的」「適用範囲」などの項目から始まるケースが多いだろう。それをそのまま流用し、まとめることで、作成・編集作業の効率化が図れるだけでなく、同じ体系の中で（文書を）管理でき、たとえば監査などの定期的なチェックを受ける機会も得られるメリットがある。

規約については、組織の外部環境、内部環境の変化に合わせた見直しが、推進マニュアルについ

てはベストプラクティスの（手順への）反映なども適宜必要になるため、こうした文書のメンテナンスの責任・権限も、明確化しておく必要がある。そうした意味においても、こうした文書を組織のマネジメントシステムに組み込んでおくと、すでに整備されている責任・権限体系の中で管理できるのである。

（鈴木　秀光）

表1　5S活動規約の目次例

```
1. 5S活動方針            6. 5S点検
2. 推進組織                 (1) 点検カレンダーの整備
3. 推進区分                 (2) 点検チェックリストの整備
4. 5S活動の周知            (3) 月次点検の実施
5. 活動計画              7. 5Sコンクール
   (1) 年間活動計画の策定   8. ……
   (2) 月間活動計画の策定   ⋮
```

図1　5S推進マニュアルのイメージ

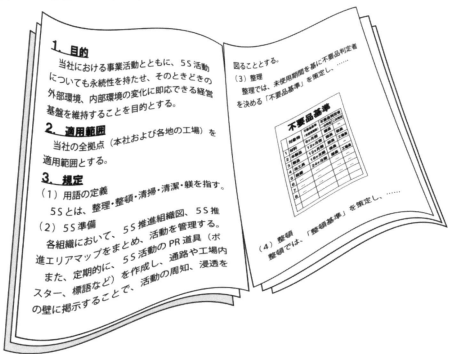

第4章 5Sの道具

23 5S推進＆実施道具

役に立つ5S道具を作り、使いこなして、5S活動を成功に導こう

1. 5S道具とその重要性

　5Sを確実に推進・実施し、そしてそれを維持・定着するために整備・実施すべきものには、有形無形にかかわらず、以下のようなものがある。これらをまとめて5S道具という。

- ①組織・仕組み
- ②基準・ルール
- ③管理帳票・書式
- ④意識付けの仕掛け
- ⑤イベント
- ⑥材料・ツール

　これらの5S道具は、さらに目的別に、以下のように分けることができる。

(1)PRのための道具

　5S意識の向上・浸透や5S知識の普及、5Sに関する情報の発信、全員参加の促進、活動の盛り上げ(活性化)などに用いる。

(2)推進のための道具

　5Sの目的・目標の設定や、方向性・計画の提示、進捗状況の確認、職場間の競争促進など、5S活動全体を取りまとめて、その推進を図るために用いる。

(3)実施のための道具

　主に、整理・整頓・清掃を具体的に実施・継続するために用いる。

(4)チェックのための道具

　5Sの進捗状況、出来栄え(実施・継続状況の良し悪し)をチェックして、進捗が良くない場合はそ

の挽回を、出来栄えが良くない場合はその改善を促すために用いる。

　表1に、5S道具の一覧を示す。

　5S活動は、企業が存続する限り継続する必要があるが、そのような長期的な視点で見た場合、これらの5S道具をいかにうまく整備・活用し、かつ、適時・適切に道具そのものを改善していけるかが、その成否に大きく関わっていると言っても過言ではない。

2. 5S道具を使いこなすポイント

　5S道具をうまく整備・活用するポイントを以下に挙げる。

(1)全体共通的な道具は早めに標準化する

　全体共通的な道具、たとえば5S活動管理板、不要品基準や整頓基準(特に表示の基準)、管理帳票・書式全般などは、事務局を中心に、事前もしくは活動の初期段階で標準化を図る。

(2)道具は自分たちで作り、磨き上げる

　自分たちの実態・実力に見合った使いやすい道具を、全員参加で、自分たちで作成・改善して、5Sを実施する上でなくてはならないものにする。

(3)メンテナンスを必ず行う

　使用中に不具合があった場合は即見直す。また、定期的な見直しも行い、常に使いやすく・活きている道具にする。

(4)場所に応じた工夫を行う

　5S道具は劣化や破損がしやすい場合がある。たとえば、粉塵や油、水の飛散の多いところでは

表示の材質の工夫が必要である。また、食品工場においては異物混入を考慮する必要がある。

（鈴木　理能）

表1　5S道具一覧表

道具	具体的な道具	目的			
		PR	推進	実施	チェック
①組織・仕組み	5S組織図		○		
	5S推進ブロック図		○		
	5S教育	○	○	○	
	5S活動大日程(年間)計画		○		
	5S進度表(星取表)		○		○
	5S活動管理板	○		○	○
	5S点検スケジュール				○
②基準・ルール	5Sマニュアル			○	
	不要品基準			○	
	手持ち基準			○	
	整頓基準(ロケーション、表示など)			○	
	発注在庫基準			○	
	清掃ルール			○	
	5S点検チェックリスト				○
③管理帳票・書式	5S月次計画・実施表			○	○
	不要品伝票			○	
	不要品リスト			○	
	発注点カード			○	
	清掃点検表				○
④意識付けの仕掛け	5S定義	○			
	5S標語・5Sスローガン	○			
	5Sポスター	○			
	5S横断幕・5S立てカンバン	○			
	5Sニュース	○	○		
	5Sバッジ・5Sカード	○			
	ピカピカ作戦	○		○	
	オアシス運動	○		○	
⑤イベント	5Sキックオフ大会	○	○		
	5Sカメラパトロール			○	○
	5S報告会		○	○	○
	5Sコンクール	○	○	○	
⑥材料・ツール	ラベルライター、ラミネーター、カードケース、樹脂板、プラダン、発泡ポリエチレンシート、テープ類、マグネット、マグネットシート、塗料、清掃用具など			○	

24 標語・ポスターの作り方

従業員の5S意識を高める標語・ポスターの募集から展開まで

1. 標語・ポスターを考えることで5S意識を高める

5S活動を全員参加で進めるためには、全従業員に5S活動をPRする必要がある。安全活動、品質向上活動で、PR手段として安全標語や品質標語があるように、5S活動でも標語とポスターが有効である。

その作成の具体的な手順は以下のとおりである。

(1)標語・ポスターの募集方法

標語、ポスターは、一部の人が考えて発表するよりも、公募形式が望ましい。なぜなら、公募をすることで、5S活動を始める意義や目的、会社の将来をイメージしながら、5Sについてより多くの人が考えるからである。

募集方法は、5S活動を始める意義や目的を説明した上で、締切りを決めて提出してもらう。従業員1人につき1つを目標に、応募標語数は従業員総数と同じになることを目指す。なお、ポスターは絵心のある社員が多数いるとは限らないので、募集をかけても集まらないケースがある。そのため、目標数を決めずに期間で区切ることが望ましい。

(2)募集後の選定

募集した標語やポスターは事務局が取りまとめ、公平に選定されるように名前を伏せて、5S委員長、委員を中心に投票で決める。選定にあたっては、最優秀賞、優秀賞、佳作など3〜5つの当選を設けることが適切であり、規定に応じて金一封などの表彰をすることが望ましい。

(3)優秀標語・ポスターの発表

優秀標語・ポスターの発表の場は、従業員の多くが出席するキックオフ大会や5S報告会などが効果的である。また、その場で優秀標語・ポスター応募者の表彰も行う。

なお、標語とポスターは、毎年更新しているところもあれば、初年度分を使い続けているところもある。どちらが良いかは、その企業の考えであるが、更新、継続の方向性は初年度にきちんと示すことが重要である。

2. 標語・ポスターの周知

標語・ポスターは、なるべく多くの人が目に付く場所に大きく掲示することで、従業員に常時見てもらい、5S活動の意識づけと参画意識を高めることを目指す。また、5S活動報告会や5S委員会の最後に、掲示してある標語を見て唱和することで、5S活動の一体感を得ることも目指す。具体的な展開例を以下に示す。

(1)手書きの標語を大きく食堂に掲示

書道が上手な社員がいる会社では、手書きで大きく垂れ幕にして掲示してある(**写真1**)。その活用として、月2回行われる5S委員会で、指差呼称で唱和し、一体感を得ている。また、横断幕にして屋外に大きく掲示し、従業員だけでなく、顧客や取引先にも5S活動をPRしているケースもある(**写真2**)。

(2)ポスターを職場や廊下に掲示

ポスターも、標語と同じく、なるべく多くの社員が通る場所、つまり食堂、廊下、玄関などに大きく掲示することで、従業員の5S意識を高める効果がある(**写真3**)。また、各部署に配って、執務、作業エリアにも掲示するのも有効である。

(丸田　大祐)

第4章　5Sの道具

写真1　標語掲示例（屋内・食堂）

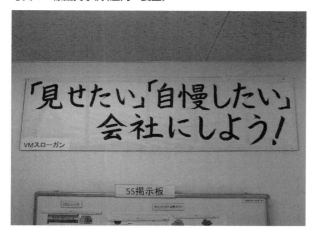

写真2　標語掲示例（屋外）

写真3　ポスター事例

25 5Sニュースの作り方

5S活動を従業員に周知し、活性化させるための5Sニュース

■ 1. 5Sニュースの目的と発行方法

標語、ポスターと並んで、5S活動を従業員にPRする5S道具として5Sニュースがある。その目的は、従業員に現在と今後の5S活動の重点や進捗を伝え、5S活動の理解を深めることである。情報の新鮮さを維持すること、そして理解後の行動を早期に促すためには、月次または隔月の発行が望ましい。

具体的な進め方は以下のとおりである。

⑴発行手順、スケジュールの作成

毎月発行することを決めても、発行手順やスケジュールが決まっていないと、情報収集、編集がのびのびになり、発行が途切れる恐れがある。それを防ぐためには、発行手順書、年間スケジュールを決めておくことが望ましい(**表1**)。

⑵テーマの選定

5Sニュースのテーマは、5S年間スケジュールに沿って、月間重点課題、5S発表会報告など、その時の旬な話題と今後の予定を選定する。また、他部署の5S活動内容が把握しにくい事業所で、部署ごとの活動内容を周知して活性化させるために、部署持ち回りで執筆をしてもらう「わが部署の活動紹介」といったコーナーを設けることも考える。

さらに、5S活動に関連する行事予定を周知し、5S活動で行うべきことを従業員に意識させることも重要である。**図1**の5Sニュース事例では、月間の強化目標、標語・ポスターの応募状況を明記し、5S活動を推進したスタッフへのインタビューなども紹介している。

■ 2. 5Sニュースの配布、活用方法

5Sニュースの目的は、全従業員に5S活動を周知して理解を高めることにあるので、なるべく全従業員に配布することが望ましい。けれども、それが難しい場合には部署ごとに配布、または、多くの従業員が集まる食堂や掲示板に掲示する。

また、単に配布、掲示をするだけでなく、事務局、委員、リーダーが概要を説明する場を設けるとより効果的である。

具体的な配布と活用事例を以下に示す。

⑴全体朝礼時に配布、事務局が説明

月1回、従業員全員が集まる全体朝礼の場で従業員全員に配布し、事務局が概要を説明する。単に配るだけではなく、見て、聞くので理解度はより高くなる。

⑵部署別に配布、委員が説明

全員が集まるのが難しい場合には、部署別に配布し、部署内でのミーティングで説明する方法もある。この場合、委員が事前に5S委員会で5Sニュースを入手し、主旨を確認することが必要である。

⑶社内イントラネットに掲示

社内のイントラネットに掲示する方法もある。迅速に配信が可能で、配布、説明する手間が少なく、ペーパーレスでもある。しかし、従業員が意識しないと見ないケースが多い。その対策として、最新版をアップデートしたことを知らせ、さらに、部署別ミーティングと組み合わせて、プロジェクターなどを使用して、委員が説明するなどの工夫が必要である。

（丸田　大祐）

第4章　5Sの道具

表1　5Sニュース発行スケジュール表

項目	4月	5月	6月	7月	8月	9月
今月の重点	新年度スタート、組織、リーダーの刷新	一斉整理月案内	工具、文具の重点整頓	共用品置場重点整頓	一斉清掃の準備	仕掛品、仕掛書類の総点検
5S点検結果	3月幹部点検結果	4月自主点検結果	5月相互点検結果	6月自主点検結果	7月相互点検結果	8月自主点検結果
部署紹介	製造1課	製造2課	生産管理課	物流課	総務課	経理課

図1　5Sニュース事例

26 5Sプラン(P)とドウ(D)の道具

全員参加で効率的かつ効果的に5Sを推進するためには、活動の計画と進度管理が必須

1. 5S活動のマネジメントの必要性

5S活動を計画的に進め、成果を得るためには、目的、目標・計画をメンバーに周知して実行してもらい、進捗管理を行うことが必要である。そのためには、以下の道具が必要である。

(1)プラン(P：Plan)
- ①推進組織図(→「18」)
- ②推進区分図(→「19」)
- ③5S年間活動計画(**表1**)
- ④5S月次活動計画(**表2**)
- ⑤5S活動指示書

(2)ドウ(D：Do)
- ①5S年間活動計画(実績記入)
- ②5S月次活動計画(実績記入)

2. 5Sプラン(P)の推進ポイント

5Sのプランで最も重要なツールは、5S月次活動計画だと言える。

5S活動は暇なとき(閑散期)に行う活動ではなく、日常の業務を行いながら時間をつくって進める活動である。メンバー1人ひとりが、忙しい中、計画通りの推進を行うことが必要である。その観点で、5S月次活動計画における計画立案上のポイントを以下に挙げる。

(1)1人1役が見える活動計画

活動計画のメンバー欄には、具体的に1人ひとりの名前を見えるようにすることが必要である。よく「全員」と書いてあるが、たとえ人数が多くても、役割を明確にするために個々の名前を書くことが必要である。かつ、活動計画には必ず全員の名前が入るようにして「全員参加の計画」とする必要がある。

(2)実施内容・場所が具体的な計画

実施内容・場所は、具体的にどの場所なのか、何を行うのかを具体的に示すことが必要である。

(3)いつ実施するかが明確な計画

活動計画を見ると、ガントチャート式で長い矢印で示している計画をよく目にする。毎日活動をするならそれでよいが、結局は矢印の先(完了予定日)に行うことが多くなってしまう。実施内容から必要な工数と期間を見積もり、この日に行うと日付を指定することが重要である。

また、定期的に5Sの日を設定し、「5Sタイム」として、一斉に活動する方法もある。

3. 5Sのドウ(D)の推進ポイント

ドウ(D)とは、プラン(P)に対する進度管理と位置付けられる。5S活動はなかなか計画通りに進まないことが多い。このため、道具と運用の両面で以下のような工夫が必要である。

(1)計画に対する遅れ・進みが見える活動計画

活動計画通りに実施したのか、遅れがないのかをひと目で見えるようにするために、計画と実績を対比して見えるようにし、評価マークで進捗状況がひと目でわかるようにする。

(2)進度管理の頻度をより多くする

月次の活動計画の場合、月末に1回進捗状況を確認するのではなく、たとえば週に1回確認することによって遅れ・進みを早めに察知して、具体的な対応を迅速にとることが必要である。これらにより、月次の計画、さらには年間計画に遅れることなく、全員で推進することができる。

（佐藤　直樹）

第4章　5Sの道具

表1　5S年間活動計画

5S年間活動計画

分類	実施項目	1月	2月	3月	4月	5月	6月	7月	8月	9月	10月	11月	12月
準備	推進組織の確立	→											
	活動エリア区分け	→											
	PR	→→											
	標語・ポスター・スローガン	→→											
キックオフ	5Sキックオフ		●										
整理	実施手順の説明と検討	→											
	不要品基準表作成	→→											
	手持ち基準表作成	→→											
	不要品伝票貼り付け			→→								→→	
	不要品伝票の判定			→→								→→	
	不要品一覧表作成			→→									
	整理及び不要品の処置			→→→→									
書類整理	実施手順の説明と検討	→											
	書類長さ測定（整理前）	→→											
	書類の即廃棄（1回目）	→→→											
	書類保管・保存・廃棄基準作成	→→→											
	書類の廃棄（2回目）			→→→								→→	
	書類長さ測定（整理後）			→→								→→	
整頓	実施手順の説明と検討			→→									
	整頓基準の作成			→→									
	整頓の実施			→→									
清掃	実施手順の説明と検討				→→								
	清掃基準作成と日常清掃実施				→→········								
	一斉大掃除の実施						→→						
	汚染源対策				→→→→								
点検	5Sチェックリスト作成	→→											
	自主点検				●	● ●	●		● ●	●	● ●		
	相互点検									● ●	●	●	
	幹部点検						●	●	●	●		●	●
表彰	5Sコンクール表彰												●
委員会	5S委員会	● ●	● ●	●	●	●	●	●	●	●	●	●	●
活動報告会	整理／整頓／年間活動報告会				●		●						●
コンサル巡回	コンサル職場巡回指導	● ●	●	●	●	●	●	●	●	●	●	● ●	●

表2　5S月次活動計画

凡例：計画：○あるいは実線矢印／実績：●（実施した日）

4月度　5S月次計画・実施表

							所長承認	推進委員確認	事務局作成承認
					重点テーマ	事務所の物と書類の整理実施！	2009 X Y	2010 X Y	2010 ＜ Y

推進エリア：事務部門エリア

No	区分	場所	具体的活動内容	責任者	メンバー	計画・実績	1〜31日	進捗評価
1	整理	エリア全体	不要品基準の作成	佐藤	鈴木	計画	10日○　21日○	○ 順調
						実績	10日●	
2	整理	個人机	手持ち基準の作成	丸田	佐藤、伊東、鈴木	計画	9日○	× 遅れ
						実績		
3	整理	A棚	A棚の中の整理	伊東	佐藤、丸田	計画	10・11・12・13日○○○○　点検	○ 順調
						実績	11・12日●●	
4	整理	B棚	B棚の中の整理	鈴木	小林	計画		× 遅れ
						実績		
5	整理	C棚	C棚の中の整理	田中	藤田	計画	10日○	○ 順調
						実績	11日●	
6	整理	個人机	手持ち基準に基づく整理	丸田	今泉	計画	10・11日○○　点検	○ 順調
						実績	11・12日●●	

推進リーダーコメント	第2週		第4週	
推進責任者コメント	第2週		第4週	

注：表中の区分とは整理／整頓／清掃／清潔／躾をいう。本表は、月初めに実績を記入し、事務局に提出のこと

57

27 5Sチェック(C)とアクション(A)の道具

5Sレベルの達成状況と進捗状況をチェックして、さらなる改善と計画推進につなげる

1. チェックとアクションの道具

5S活動のPDCAにおいては、目標とする5Sレベルの達成状況と活動計画に対する進捗状況をチェック(C)して、遅れや指摘事項(問題点・課題)を明確にしつつ、アクション(A)として指摘事項を迅速に改善して挽回することが必要である。ここでは、5S活動のPDCAのうち、C(チェック)とA(アクション)の道具について以下に詳細を説明する。

(1)チェック(C：Check)
　①5S点検チェックリスト(**表1**)
　②指摘事項管理表(**表2**)
　③5S活動星取表(**表3**)
(2)アクション(A：Action)
　①5S点検チェックリスト
　②指摘事項管理表
　③成果写真(Before/After)

2. 道具別の推進ポイント

上記に挙げた帳票の中には、チェックとアクションの両方の要素を含んでいるものがある。たとえば、「5S点検チェックリスト」や「指摘事項管理表」はそれにあたる。

(1)5S点検チェックリスト

5S点検は自主点検、相互点検、幹部点検などに分けられ、それぞれ点検基準が異なるため帳票は分けられている。そのいずれも、一定以下の評価の場合、問題点・指摘事項(C)を明確にし、その問題を誰が・いつまで・どうするといった改善計画と改善実施日(A)を対比して見えるようにして確実に対応することが重要である(→「62」)。

(2)指摘事項管理表

5S点検以外に、本社組織、顧客、他部署、コンサルタントといった社内外のパトロールがあった際、現場で指摘されたことをその場で書きとる。そしてメンバーに周知し、指摘事項は5S点検同様に、迅速かつ確実に改善し、実施の有無を上位者が確認することが必要である。

指摘された点を迅速に改善することを繰り返すことによって、やり抜く力が育まれ、人材育成につながる。

(3)5S活動星取表

5S活動星取表は、5S活動を推進するにあたって、複数ある各推進区がバラツキなく期限どおりに共通の課題(たとえば手持ち基準の作成など)を解決することを目的とする。そのために、推進区共通課題を5S活動星取表の確認項目欄に挙げ、実施済なのか未実施なのかをひと目で見えるようにし(C)、また未実施であればいつまで実施するかを把握する必要がある(A)。

5S導入時期には、5S活動星取表は特に重要なツールとなる。

(4)成果写真・成果物(Before/After)

5S活動の結果・成果として、作成した基準類や実際に改善した写真もアクションの位置づけとなる。

成果写真の場合、改善前と改善後の写真を比較できるようにして、これによる改善の成果(時間短縮、スペース削減効果)がわかるようにすることも必要である。

(佐藤　直樹)

第4章　5Sの道具

表1　5S点検チェックリスト（抜粋）

			職場名：								
		5S点検チェックリスト（製造現場用）	区分：			自主点検・相互点検					
			点検者：								
			点検日：						年　月　日		

分類	No	点　検　項　目	採　　点					指摘内容	改善		
			大変良い 10	良い 8	普通 6	悪い 4	大変悪い 2	（4点以下の場合は必ず記入）	責任者	期限	完了日
整理	1	不要なウエス、手袋が置かれていないか（必要以上に現場へ持ち込んでいないか）									
	2	〃 工具・計測器が置かれていないか（ドライバー・レンチ、ノギスなど）									
	3	〃 治具・型・桶が置かれていないか（計量、溶接、塗装、組立治具など）									
	4	〃 設備・機械が置かれていないか（設備、機械で使われていないものがないか）									
	5	〃 製品（原料〜完成品）がないか（原料、仕掛品で使われていないものがないか）									
	6	〃 文房具、書類が置かれていないか（マジック、鉛筆、ものさし、消しゴムなど）									
整頓	7	通路、置き場区画線引き、職場表示がされているか									
	8	区画線引き通りにきちんと置かれているか（通路への物置き、置き場はみ出しなど）									
	9	ウエス、手袋が所定の場所に置かれているか（置き場表示と置き方）									

表2　指摘事項管理表

指摘事項管理表　　　　　　　　　　　　　　　　　　　　　　　　　　No.

推進区　　　製造課Aライン　　　　　　　　　　　　　　　作成者

巡回日時　　201X年5月20日　　　　　　　　　　　　　　作成日　　201X/5/20

No	指摘事項			対策案				フォローアップ	
	場所	指摘内容	担当	期限	対策内容	実施日	確認者（日付）	コメント（追加対策など）	
1	部品棚④	棚④の一番下の段に定置化されていないモノが置いてある	○○係長	5月22日	置くべきものを決め、不要品を処分する	5月20日	佐藤（5/20）	特になし	
2	仕掛品置場	仕掛品の置場が定置化されていなく、ライン周辺のあちこちに置いてある	◇◇班長	5月28日	置くべきものを決め、不要品を処分する	5月20日	佐藤（5/20）	仕掛品置場のスペースの適切性も検討ください	
3	作業台	作業台に置くものが決まっていなく、要、不要の区分がない	▼▼班長	5月28日	備品の手持ち基準が決め、不要品を処分すること		（　　）		

表3　5S活動星取表

5S活動星取表　　　　　　　　　　　点検日：201X年 Y月 Z日　　　　　20 X年Y月Z日
　　　　　　　　　　　　　　　　　　　　　　　　　　　　　　　　　　5S事務局　○○

評価基準：○：作成（実施）済、△：作成（実施）したが見直し必要、×：未実施、―：該当しない、未：未確認

No	推進区名	推進委員	推進リーダー		確認項目			確認結果
					活動前写真撮影	月次活動計画の立案と見える化	手持ち基準の作成	勝負 ※勝率（下段） ＝（勝数＋分け数＊0.5）/（確認項目数）
1	事務部	安藤	前田	評価結果	×	×	×	0勝3負0分
				×の場合の挽回日	4月18日	4月20日	4月20日	0%
2	設備管理部	越水	土田	評価結果	○	○	△	2勝0負1分
				×の場合の挽回日				83%
3	製造部・加工課	山田	中山	評価結果	○	○	○	3勝0負0分
				×の場合の挽回日				100%
4	製造部・仕上課	太田	田中	評価結果	○	○	○	3勝0負0分
				×の場合の挽回日				100%
5	研究開発部	斎藤	横田	評価結果	○	○	○	3勝0負0分
				×の場合の挽回日				100%
							全体勝敗	11勝3負1分
								77%

59

第5章 整理の進め方

28 整理の進め方

整理を成功させるためには、基準を作成して、基準に基づき、一斉に進めていく

1. 整理の定義と考え方

　整理とは、「要るものと要らないものとに区分し、要らないものを処分すること」である。整理が不十分なまま整頓や清掃を進めても非効率なため、5Sの中で最初に取り組むべき活動である。まずは要らないものを排除し、その後に必要なものの置場づくりを進め、整った環境下で清掃を行う。

　「要るものと要らないもの」は基準に沿って決めていく。一番オーソドックスな基準は、未使用期間（または停滞期間）である。一定期間使わなかったものを「不要品」と識別し、それが本当に必要なものかどうかを判断して進める。また作業場などに常時置いて繰り返し使う仕事道具は「手持ち品」の基準を決めて行うのがよい。思い入れや先入観を排除し、機械的に進めていくことが効果を出すための秘訣である。

2. 整理の手順

(1)整理の準備

　5S推進区に基づき、整理の対象個所と対象物を明確にしておく。また、どのくらいの不要品を摘出して処分するかの目標も、設定するとよい。

　不要品の置場（搬出場）設置、不要品伝票の貼付けや処分判定とリスト作成などの計画表を作成し、手順、分担、期限を明確にしておく。

(2)整理基準の作成

　職場内の整理対象物について、要らないものを識別するための「不要品基準表」を未使用期間な

どに基づき作成する。また、作業場で繰り返し使用する作業道具については、「手持ち基準表」を使用頻度に応じて作成する。

(3)不要品一掃作戦

　短期集中で、「不要品基準表」による不要品の摘出と、「手持ち基準表」による不要品・余剰品の摘出を進め、不要品伝票を貼って識別する(**図1**)。

(4)不要品の判定

　貼られた不要品伝票に処分方法と期限を記入する。処分方法は廃棄だけでなく、返却、売却、転用、修理、継続保管などもあり、通常は1次判定、2次判定のように複数の責任者が相談して決める。

(5)不要品の処分

　不要品はリストに処分内容を記録し、不要品処分の成果を把握し、その後でおのおの決められた処分を進めていく。廃棄処分については、産廃処理などの手続きと引き渡しも同時に進めていく。

3. 進め方のポイント

　不要品の摘出は、余計な思い入れや先入観を排除し、整理の基準に従って思い切って行う。「もったいない」という気持ちは、整理後の反省と今後の不要品を出さないための対策につなげる。

　だらだら長引かせないため、1～2カ月間くらいの短期間で不要品の摘出と処分判定を進める。

　整理の基準はやや厳しくした方が、停滞異常品の摘出や仕事道具の共有化につながる。整理は定期的に行うので、基準も必要に応じて見直す。

（山口　郁睦）

第5章 整理の進め方

図1 不要品の整理と余剰品の整理

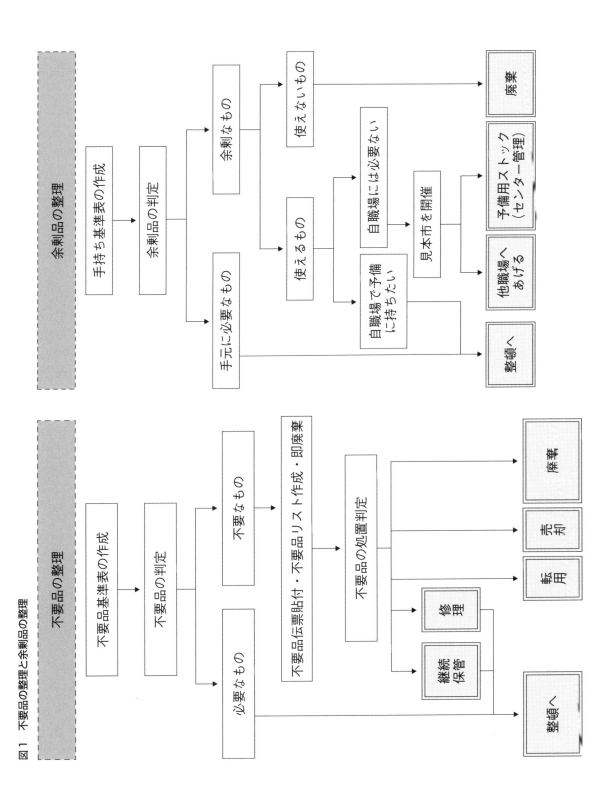

29 整理の要諦

整理は、すべてのものを対象に先入観を持たず、基準に沿って短期集中で一斉に進める

1. 基準に沿った整理

整理は思い入れや先入観を排除して進めないと、なかなか成果が出ない。そのため、整理基準を作成して機械的に進められるようにしていく必要がある。未使用期間などで不要品を摘出する「不要品基準表」を基本とし、作業場などの仕事道具を決める「手持ち基準表」を併用しながら、不要品（使っていないもの）と余剰品（必要以上に持っているもの）を摘出していく。

2. 計画に沿った整理

整理は実施期間を決めて、短期集中で一斉に行っていくことが重要である。そのために各実施ステップを計画表にして、関係者に周知しながら進める必要がある（**表1**）。

短期間で進める理由はいくつかある。期間が短い方が迷いが生じにくい、次のステップである整頓や清掃に早く移行できる、不要品の見本市や廃棄品の処分は一気に行った方が効率が良い、などである。

整理の計画は、実施項目別の全体計画と各職場で立てたエリア別計画がある。一般的に、計画は緻密に立てた方が実施対象もより明確になり、実行度も向上しやすい。

整理の計画を立てた後は、定期的に進捗報告の場を設け、遅れている部門やエリアを明らかにしておく。遅れている対象部門やエリアの責任者は挽回するためにどうしていくかを推進事務局に報告し、全体の足を引っ張らないようにメンバーへの働きかけや活動時間の確保を図っていく。

3. 整理を進める上でのポイント

(1)基準はやや厳しくする

不要品や余剰品の摘出において、より大きな成果を上げるためには、整理の基準をやや厳しく設定することが望ましい。不要品基準表については、特に材料・部品・仕掛品・製品などの棚卸資産の停滞状況を明らかにするためにも、「これだけ動かないのは生産計画やリードタイムから見て異常」と考える基準を適用する。手持ち基準表についても、同じものは基本的に1つだけ持ち、使用頻度の高いもの以外はできるだけ共通持ちにする。

(2)実施計画はきついくらいでよい

「2. 計画に沿った整理」で示したとおり、整理の実施計画は"少しきついかな"と思うくらいの計画でよい。あまり好ましいことではないが、処分案判定後の処分完了まで時間が少しかかる場合が多いので、遅れている職場はそこで挽回するようにしていく。

(3)見えない所もチェックする

扉や引出しが付いている収納個所、工具箱や収納箱などの保管容器は、一度すべてのものを外に出してチェックする。必要なもの、必要な量だけを元に戻せば、戻らなかったものは不要品や余剰品と考えられるので、整理も進めやすい。また、普段は立ち入らない個所・部屋、階段下や柱・棚の裏、機械の周辺なども不要品（明らかなゴミも多い）が置かれやすい（**写真1**、**写真2**）。

(4)識別はきちんと行う

不要品伝票は見やすい位置に貼り、不要品リストも含め記入漏れがないようにする。廃棄品や余剰品の置場表示・区画も明確にする。

（山口　郁睦）

第5章 整理の進め方

表1 整理のスケジュール

整理全体スケジュール

実施項目		4月 上旬	4月 中旬	4月 下旬	5月 上旬	5月 中旬	5月 下旬	6月 上旬	6月 中旬	6月 下旬
整理	実施手順の説明と検討	→→→→→→								
	不要品基準表作成	→→→→								
	手持ち基準表作成			→→→→→→→→						
	不要品伝票貼り付け			→→→→→→						
	不要品伝票の判定					→→→→→→				
	不要品一覧表作成					→→→→→→				
	整理および不要品の処置					→→→→→→→→→→→→→→				

部門別　整理実施スケジュール［第一工場1F］

整理 実施エリア		X月 Ⅰ週	Ⅱ週	Ⅲ週	Ⅳ週	Ⅴ週
①	材料受入場	→→→→				
②	Aライン	→→→→→→→→→				
③	Bライン		→→→→→→→→			
④	Cライン		→→→→→→→→→→→			
⑤	検査場			→→→→→→→		
⑥	製品倉庫	→→→→				
⑦	保全室		→→→→→→→→→→→→			

写真1　柱の陰

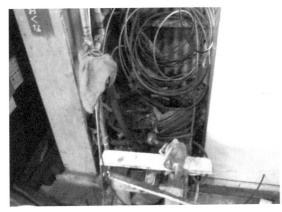

写真2　作業机の引出し

30 整理基準・帳票の作り方

整理基準とは、迷わずに不要品を摘出・処分するためのガイド

■ 1. 整理のための基準・帳票とその作り方

ひと口に不要品と言っても、どのような理由で不要と判断し得るかには数パターンある。

①使えないもの（使用不能）

②使っていないもの（用途消滅）

③余っているもの（必要量以上）

これらを誰もが迷わず識別できるように、会社としての判断基準を設定する必要がある。不要品の切り分けには「不要品基準表」、要るものの絞り込みには「手持ち基準表」という帳票を使用する。

(1)不要品基準表

何を不要品とみなすかのポイントは、要るものか要らないものかの判断が、主観を交えず一意に行えるよう、未使用期間で基準を設定することにある。

会社には、棚卸資産や固定資産などさまざまなものがあるが、それらの主なものを大くくりで列挙し、その単位で個別に未使用期間を設定する。金額の多寡など重要度の違いや、将来的な利用可能性の違いを考慮しつつ、なるべく短い期間に設定できれば、ムダを認識する感度を高められ、余計な投資や過剰な在庫の予防につなげられる。

また、不要判断のための未使用期間と合わせて、不要品伝票を貼付した上で最終的な処分方法を決すべき対象かどうか、その判定者は誰であるかも設定する。

不要品基準表は、5S委員会が全社共通事項として作成し、各推進区に提示するとよい。経理的な処理や、部品・仕掛品在庫の転用可否、完成品在庫の販売可否、処分の金額的な決済権限など、いろいろな要素が絡むので、関係部門で意見を出し、調整して決定するとスムーズに運ぶ（**表1**）。

(2)手持ち基準

手持ち基準は、製造現場においては工具類や測定機器、事務現場においては文房具など、繰返し使用するものについて、どの種類をどの数量持つべきかを決める帳票である。

ポイントは、種類別の使用頻度に応じて必要な数量を絞り込み、共用で使用する範囲を決めて保管場所を設定できることにある。

手持ち基準表は、職場、作業場別に1つずつ作成する。作成方法としては、まず一斉に棚卸を行い、現状で保有している種類、数量をリストアップする。それから、1つひとつにつき使用頻度を確認し、必要最小限の種類、数量を設定する（**表2**）。

■ 2. 運用上のヒント

所定の未使用期間に達したものは、ためらわず積極的に処分を進める（→「31」）。整理活動が一巡した後も、定期的に現物をチェックして、常に要らないものがない状態を維持できるようにする必要がある。時間とともに基準は陳腐化し、実態に合わなくなるおそれがあるので、適時改訂をルール化するとよい。

不要品の搬出のためには、一時仮置き場を設けると便利である。また、余剰品の回収にあたっては、返却箱を設置すると各個人が返しやすく、他部署での転用や、新規発注の前に在庫から先に使う管理もしやすくなる。

（今泉　宏之）

第5章　整理の進め方

表1　不要品基準表

不要品基準表

作成日：20YY.MM.DD
5S委員会事務局

対象物	区分	不要品基準	不要品伝票		不要品判定者			不要品リスト		備　考
		未使用期間	要	不要	一次	二次	最終	要	不要	
原材料	主材料	1カ年	○		課長		部長	○		
	副資材	6カ月	○		課長		部長	○		
	端材	3カ月		○	主任		課長		○	
	スクラップ	1カ月		○	主任		課長		○	
部品	汎用	6カ月	○		課長		部長	○		
	専用	3カ月	○		課長		部長	○		
仕掛品	汎用ユニット	6カ月	○		課長		部長	○		
	専用ユニット	3カ月	○		課長		部長	○		
	その他（ユニット未満など）	2カ月	○		課長		部長	○		
製品	汎用品	3カ月	○		課長	部長	本部長	○		
	カスタム品	2カ月	○		課長	部長	本部長	○		
設備	生産用	2カ年	○		課長	部長	本部長	○		
	運搬用	1カ年	○		課長	部長	本部長	○		
金型		1カ年	○		課長	部長	本部長	○		
治具		6カ月	○		主任		課長		○	
工具		3カ月	○		主任		課長		○	手持ち基準に逸脱するもの

表2　手持ち基準表

手持ち基準表

職場名：製造部製造3課
対象区分：☑工具／□事務用品／□計測器

※作成にあたっては、保管区分ごとに書き、どの場所で管理するかがひと目でわかるようにすること。
※「規格・サイズ・色」欄は、同一品名の区分で明記すること。
※「用途」欄は、製造現場等での工具での使用用途を明確にすること。

作成日：20YY.MM.DD
作成者：＊＊＊＊

NO.	品名	規格・サイズ・色		使用頻度		保管区分・数量				用途			備　考
						設備	工程	課	合計	作業	段取	メンテ	
1	ハンマー		3	回／日・月・年		1			2	○			
2	スパナ	大	3	回／日・月・年		1			2	○			
3	スパナ	小	3	回／日・月・年		1			2	○			
4	六角レンチ	10mm	3	回／日・月・年		1			2	○			
5	六角レンチ	5mm	3	回／日・月・年		1			2	○			
6	六角レンチ	1mm	3	回／日・月・年		1			2	○			
7	ドライバー	＋大	1	回／日・月・年		1			2	○			
8	ドライバー	一大	1	回／日・月・年		1			2	○			
9	マイクロメーター		1	回／日・月・年		1			2	○			
10	メガネレンチ	20mm	5	回／日・月・年			1		1			○	
11	メガネレンチ	15mm	10	回／日・月・年			1		1			○	
12	メガネレンチ	10mm	5	回／日・月・年			1		1			○	

31 不要品一掃作戦

要らないものに赤い不要品伝票を貼って、整理を積極的に促進

■ 1. 不要品一掃作戦の概要

(1)不要品一掃作戦とは

不要品一掃作戦とは、本格的な整理活動が未着手である職場において、不要品基準にのっとり、所定の未使用期間を過ぎたものがないか隈なく探し、見つけ次第不要品伝票を貼付け目印にして、処分をどんどん推し進めることである。完了した時点で、職場から要らないものがすべて掃き出された状態を目指す。

(2)不要品伝票

不要品伝票とは、不要品基準で設定した未使用期間が経過したものについて、見てすぐそれと識別できるよう現物に貼付し、確実に処分を進めるための帳票である。一般の現品表などと区別して目立ちやすいよう、赤い用紙にフォーマットを印刷して用いる(**表1**)。

主な記入事項は、現物を特定するための分類や品名、不要理由(所定の期間、使われず放置されていた理由など)、処分判定者、処分方法、判定日である。

処分方法は、廃棄とは限らない。売却や転用の可能性などを考慮し、少しでもムダを少なくするよう検討して最終的な処分をどうするかを決める。

(3)実施手順

効果的な実施手順の一例を次に示す。事前にきちんと計画を立てて、活動を展開する必要がある。

① トップによる不要品一掃作戦の開始宣言
② 不要品伝票の貼付
③ 不要品置場への搬出(置場は事前に設置)
④ 不要品展示会
⑤ 大掃除

■ 2. 不要品一掃作戦のポイント

不要品一掃作戦は、全員で一斉に、短時間に集中して実施すると効果的である。場所別のチーム制にして、各自の役割分担を決めると活動がはかどりやすい。

目的や具体的な内容の周知も大切である。不要品伝票に必要事項がきちんと記入できるよう、十分な説明をしてから開始する必要がある。また、不要品基準に該当しない場合でも、処分すべきと思われるものには、積極的に不要品伝票を貼付しその理由を明記するとよい。

そして、大胆な目標を掲げて、整理後に実績を測ると達成感が得られやすい。目標は金額ベースでも、体積や重量ベースでもよいので、定量的な指標を用いて、どのくらい削減できたか実感が湧くように工夫するとよい。

もし1度の活動で達成できなければ、基準の見直しを図って、2度、3度とやり切るまで繰り返すことも必要である。

廃棄の実行にあたっては、「もったいない」と感じることがある。そこで重要なのは、不要品をいつまでも保管しておき、職場をムダの温床にすることのほうが「もったいない」と思う感性を身に付けることだ。ものを捨てる痛みを、次なる改善のきっかけとすることである。

不要品一掃作戦で不要品の発生要因をつかみ、つぶせる問題はすべてつぶして、新たな不要品の発生を未然防止できるよう、業務プロセスの改善につなげたい。

(今泉　宏之)

第5章　整理の進め方

表1　不要品伝票

不要品伝票　　No.

作成者	日本 太郎	作成日	4月 25日
品　番	ABC-123	数　量	1箱(200個)
品　名	ギアードモーター		
場　所	出荷置場		

分　類
□①材　料　　□②部　品　　□③仕掛品　　■④製　品
□⑤機械設備　□⑥型・刃具　□⑦治工具　　□⑧備　品
□⑨その他（　　　　　　　　　　　）

不要理由
□①販売計画・生産計画の見込み違い・ミス　□②注文の取消・変更
■③設計変更・規格変更・設計ミス　　　　　□④発注ミス
□⑤受入ミス（検査不十分）　　　　　　　　□⑥加工不良
□⑦組立不良　　　　　　　　　　　　　　　□⑧劣化・老朽化
□⑨その他（　　　　　　　　　　　）

判定者		斉藤		田中		渡辺
判定納期	1次	4月30日	2次	5月7日	最終	5月14日
判定日		4月27日		5月6日		5月14日

処　分
□①返　却　　□②売　却　　□③転　用　□④手直し・修理
■⑤廃　棄　　□⑥継続保存　□⑦その他（　　　　　　　　）

処分納期	5月30日

備　考：
使用不能で、転用が利かないため廃棄。

赤い用紙に印刷すると目立ちやすい

32 不要品判定と処分

不要品の判定は思い切って行い、
処分するときはその発生理由を考え、
"捨てる痛み"を改善につなげていく

1. 不要品判定の考え方

不要品判定とは、不要品基準表の不要品基準（未使用期間など）により、不要品と判断されたものに対して、処分案を決めることである。処分案の中には、返却、売却、転用、手直し・修理、廃棄、継続保存などがあり、すべてを捨てるというわけではない。

摘出された不要品は、そもそも一度要らないと判断されたものなので、判定は躊躇せず思い切って行うようにする。

2. 不要品判定の進め方

不要品判定は、不要品伝票の貼られたものに対して、不要品基準表で決められた判定者（1次、2次）が期日までに行う。複数の判定者が一緒に話し合って決めてもよいし、1次判定者の決めた案を2次判定者が確認（必要であれば見直しの話合い）を行う進め方でもよい。

不要品を1カ所に集めて判定を行うと効率的だが、移動が困難な大型・重量物、継続保存が濃厚であったり判定に時間がかかるもの（営業経由で客先に確認する必要があるもの：部品、製品、金型、専用治具など）が多い場合は、巡回式で判定した方がやりやすいこともある。

不要品の判定前後に"見本市"を開き、ある職場で不要品（または廃棄処分）と判断されたものが、他の職場で欲しいという要望があれば引き取ってもらうことも行う（表1）。

不要品判定の判定者、判定日、処分案を不要品伝票に記入し、不要品伝票は処分段階で必要がなくなったら剥がす。

3. 不要品処分の考え方

判定後の処分案が決まった不要品についてはしかるべき処分を進めていくが、その前に行っておくべき手続きがいくつかある。たとえば、後で処分内容を確認する必要があれば、その記録を残しておかなければならない。また勝手に捨てたり、移動したりするわけにはいかないため、関係者や引取業者にその旨を連絡することも必要になる。

不要品の処分では、「なぜ、使われないものを購入してしまったのか」「なぜ死蔵在庫が発生してしまったのか」という発生理由を考える。そして、廃棄処分が決まったものに対する"捨てる痛み"を感じて、今後の不要品発生を防止するための改善を検討していくことが大切である。

4. 不要品処分の進め方

不要品の中には、棚卸資産や有形固定資産として資産台帳に登録されているものもあるが、これらは廃棄・除却・移動などの処分を行う前に、不要品リストなどに記録しておかなければならない（表2）。また、整理の成果を把握するために、何キロ廃棄したとか、売却益が何円出たとかも記録しておくのが望ましい（表3）。

廃棄予定品は決められた場所に集約し、引取業者との手続きを進める。返却品や売却品も一時置場が必要であれば集約しておく。中には処分判定に時間のかかるもの（客先問合せ品など）もあるが、これらも隔離・識別しておくとよい。これらの集積場を関係者全員で見て、写真に残しておくことで、この時の痛みを忘れないようにする。

（山口　郁睦）

表1　不要品の処分例

見本市　開催の案内

20XX 年 XX 月 XX 日 推進事務局

1.　日時：20XX 年 XX 月 XX 日～XX 日（X 日間）

2.　場所：○○工場 西口エリアにて

3.　開催ルール：以下のルールにそって、引取の手続きを行って下さい

　　①見本市開催期間中に、引取希望部門・担当者名を不要品伝票の備考欄に記入する

　　②見本市終了後、引取希望部門が複数の場合、部門間で話し合い、代表引取部門を決定する

　　③不要品摘出部門に申し出て、両者合意の上で引き渡しを行う

　　④棚卸資産や資産台帳に登録している有形固定資産の場合は、移転申請を経理部門に行う

表2　不要品一覧表

職場・グループ名：第一製造課　　No.1　　作成日：X月10日

	不要品伝票No.	品　名	数量	処分方法	処分時期	備　考
1	3	鋼板	162	廃棄	7月10日	
2	4	アルミ柱	37	廃棄	7月10日	
3	7	アングル材	42	廃棄		
4	9	コーナー材	12	廃棄		
5	14	自動切断装置	1	転用		
6	15	手動溶接機3号	1	修理		
7	16	自動洗浄装置	1	売却	8月7日	
8	17	クレーンワイヤー	1	廃棄		
9	19	金型2号	1	廃棄		

表3　整理活動　定量的成果一覧

推進区	物品の整理				書類の整理						スペース創出	整理達成度
	廃棄量		リサイクル	余剰品	整理前	整理後	廃棄量	廃棄率	書庫移動	削減率		
	kg	千円	千円	千円	m	m	m	%	m	%	m²	%
○○工場　○○チーム	xxx	xxx	xxx	xxx	xxx	xxx	xx	xx	xx	xx	xx	xx
○○チーム	xxx	xxx	xxx	xxx	xxx	xxx	xx	xx	xx	xx	xx	xx
○○チーム	xxx	xxx	xxx	xxx	xxx	xxx	xx	xx	xx	xx	xx	xx

第6章 整頓の進め方

33 整頓の進め方

要るものすべてに最適な「置き場」と「置き方」を設定し、標準化のための「表示」を徹底する

1. 整頓の定義と目的

整頓とは、「要るものを所定の場所に、きちんと置き示すこと」と定義される。言い換えれば、最適な「置き場」と「置き方」を決めて、標準化のための「表示」をすることである。

整頓は必要なものを、いつでも、誰でも探し出せて、取り出せて、元に戻せる状態にし、安全と品質が確保され、ムダのない効率的な職場にすることを目的とする。このため、要らないものまで整頓しないように、整理を確実に実施することが前提となる。

2. 整頓の手順

整頓の手順を**図1**に示す。基本的には、以下のように基準を設定し、整頓の3要素である「置き場」、「置き方」、「表示」の順に計画的に推進する。整頓の3要素の全体像を**図2**に示す。

(1)整頓対象物の明確化

整理後に残った要るものすべてが整頓対象となる。不要なものが残っていないかを確認しながら整頓対象を再確認する。

(2)整頓基準の設定・道具の準備

各推進区において整頓を実施するにあたり、置き場、置き方、表示にバラツキがあると、見映えだけでなく非効率かつ不安全な職場になりかねない。このため、推進組織全体として実施の前に整頓基準を設定しておくことが必要である。主な整頓基準には、表示基準、ロケーション設定基準、荷姿・容器・入数標準がある（**表1**）。

(3)置き場所の設定

要るものの置き場を設定するにあたり、これまでの置き場を最適だと決めつけず、ゼロベースで見直し、設定する。その際、以下の観点で置き場を決める。

①種類別（種類・品目・作業目的・仕事の関連性ごと）に置き場を決定する

②使用頻度の高いものを使用する場所の近くに置く

③使用頻度の低いものは職場共用（まとめて）で持つ（一元化）

④レイアウト図を示しながら、再度置き場を見直す

(4)置き方の設定

次に置き方を設定する。たとえば、引っ掛ける、平置き（姿絵）、斜め置き、立て置き、コンテナ、パレット上などがある。具体的には次の点を考慮して置き方を工夫、決定する。

①すぐに取り出せる置き方（たとえば、上に積み重ねたり、手前・奥の重ね置きは適切でない）

②面倒な手間なく、誰でも正しく戻せる置き方

③スペース効率の良い置き方

④作業の順番を考慮した置き方

⑤直角・平行に置く（区画線や棚板に対して）

⑥安全を考慮した置き方

(5)表示方法の設定

表示には、原則として「場所表示」「位置表示」「現物表示」（品目表示）の3つがある。それぞれの

目的にあった道具立て(たとえば、ラベル、カンバン、ラミネートフィルム、区画線、用紙、ホワイトボードなど)をあらかじめ標準化し、準備した上で整頓に着手する。

(6)**整頓の計画・実施**

整頓を実施するにあたり、整頓の場所・対象物ごとに実施すべき具体的な計画について、着手・完了日、責任・担当を決めて実施する。

(佐藤　直樹)

図1　整頓手順

図2　整頓の3要素

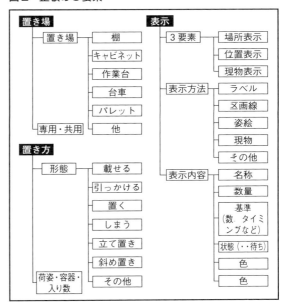

表1　表示基準例

表示基準				作成・改訂日	201X年Y月Z日	
				作成者	佐藤直樹	
対象場所・もの	表示					参照写真・基準類
	区分	表示道具	表示内容	色	表示道具サイズ	
ライン	場所表示	カンバン	ライン名称	白地	700mm×530mm	
工程	場所表示	カンバン	工程名称	白地	700mm×530mm	エ1
安全通路	位置表示	区画線(ペンキまたはテープ)	区画表示	白	外150mm、屋内100mm、道幅800mm	
工場内の床	場所表示	ペンキ	―	緑	―	
消火器	位置表示	区画線	区画表示	黄	外100mm、屋内50or100mm	エ2
建屋入口	位置表示	一時停止線(ペンキ)	―	黄	300mm	
固定設備作業範囲	位置表示	区画線	「作業範囲」	黄	50mm	エ3
危険個所	位置表示	区画線	「可動部」、「段差あり」	黄・黒トラテープ	幅○○mm	

34 整頓の要諦

5Sの成功は整頓が握っている。
「5Sの神髄は整頓にあり」

1. 「指定席化」と「表示の徹底」

「5Sの神髄は整頓にあり」という理由は主に2つある。1つ目は、一度実施した5Sが崩れてしまう理由に、整頓が徹底できていないことが多いからである。そのためには「指定席化した置き方」と「表示の徹底」が必要となる。

「指定席化した置き方」の代表例として、姿絵置きや姿彫り置きがある。これらは、1つひとつ「指定席化」し、個々の位置表示を徹底することで、置いてあるものそのものが正しいのか誤っているのか、またその置き方や数量が正しいのかが、表示や型によってひと目でわかるため、維持が容易となる。その他にも、区画線や名称表示といった位置表示によって「指定席化」できる。

このように、表示のないものは"不要物"という状態を目指し、表示率（＝必要な表示の数に対する表示の割合）100％化を図ることは、5Sが崩れない職場を実現するのに非常に効果的である（**写真1、写真2**）。

そして重要なのは、使ったら元に場所に戻すという当たり前のことを、当たり前のようにできる人を1人でも多く増やすことである。

2. PQCDSMを高める整頓

「5Sの神髄は整頓にあり」というもう1つの理由は、5Sの直接的成果を実現するカギを握っているからである。

直接的成果である「P：生産性の向上」「Q：品質の向上」「C：原価低減」「D：リードタイム短縮と納期順守」「S：安全性の向上」「M：組織の活性化とモラルの向上／企業イメージの向上」を実現するためには、整頓が肝となる。

以下にこれらの事例を紹介する。

(1)P：生産性の向上

①作業者・機械設備の周りの材料、治具・工具などが、早く、楽に、取り出し・戻しやすい配置・置き方にする

②使用頻度の多い工具、計測機器などは、作業者・機械設備専用として身近に置く

③使用頻度の少ない治具、金型などは、機械設備、ラインのかたわらに置く

(2)Q：品質の向上

①組立用の部品を組付の順番に並べて置くようにする

②検査待ち品、合格品、不合格品の置き場を分けて、明確に区分、表示して置く

③不良品、手直し品の置き場を設定し、いつ発生し、原因は何か、いつ処置するのかがひと目でわかるようにする（**写真3**）

(3)C：原価低減

①整頓を実施することによって、探すムダ、歩くムダ、スペースのムダを排除することは、作業時間短縮や設備稼働率の向上につながる

(4)D：リードタイム短縮と納期順守

①仕掛品の次工程とその着手予定タイミングが目で見てわかるようになっている（**図1**）

②原材料、部品、製品の期限遅れや長期停滞がひと目でわかるようになっている

③発注点、発注量、最大在庫量が目で見てわかり、在庫量が管理されている

(5)S：安全性の向上

①通路が区画線で明確に表示されており、安全に歩行、運搬ができる

②ものや棚の転倒や荷崩れ対策を講じている

以上のように、整頓は作業・業務の改善そのものであり、これらを極めることによって、定量的かつ定性的な成果が得られる。　　（佐藤　直樹）

第6章　整頓の進め方

写真1　工具の姿絵置き

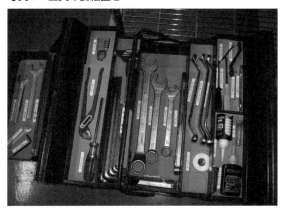

写真2　個人持ち事務用品の姿絵置き

写真3　不良品置き場

図1　仕掛品置き場

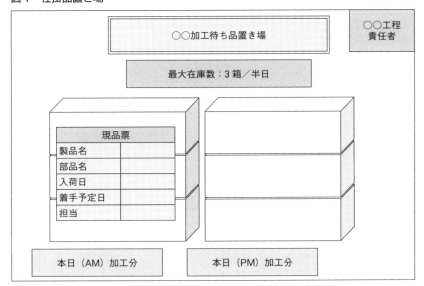

35 整頓基準・帳票の作り方

整頓基準を設定し組織全体に周知することにより、標準化とさらなる改善につなげる

■ 1. 整頓基準の設定

整頓の3要素である置き場、置き方、表示についての整頓基準は、実施前に設定しておく必要がある。なぜなら、これにより整頓活動がスムーズに進むとともに、たとえ推進組織内を異動しても迷うことなく仕事ができるような、標準化された職場環境が実現できるからだ。

(1)ロケーション設定基準

ものの置き場が誰にでもわかるように、置いてあるものの名称を示す表示だけでなく、所番地を設定する必要がある。このために、所番地の設定の仕方をロケーション設定基準として明確にする。たとえば、「棚記号(大文字アルファベット)―段数(上から)―位置(左から)」などのように規定する(→「37」)。

(2)表示基準

ライン・工程、設備、通路(歩行帯)、危険個所、設備作業範囲といった共通の対象物については、組織全体で標準化することにより見栄えが良くなるだけでなく、安全も確保できるようになり非常に重要である。

(3)発注在庫基準

消耗品などは発注在庫基準を設定することによって、過剰在庫や欠品をなくし、一定水準で在庫数量を管理する。特に、安価品でコンスタントに消耗するものに対しては、発注点管理を適用して発注点、発注量、最大在庫量を設定しておくようにしたい(**表1**)。

発注点管理については、誰でも発注点に気づくように発注点カードを設置したり、決められたとおりに発注手続きが行えるようにルールを明示したりするなどの工夫が必要である。

(4)生産現場の整頓基準

設備、運搬具、原材料・部品、仕掛品、完成品、不適合・クレーム品、廃棄物、治具、工具、金型、測定機器などを対象に、それぞれの置き場、置き方、表示を設定し、実践する(**表2**)。

(5)事務現場の整頓基準

職場全体、事務用品(個人持ち、職場共用)、書類(業務書類、参考書類、仕掛書類)、カタログ・パンフレットなどを対象に、それぞれの置き場、置き方、表示を設定し、実践する。特に、事務職場における整理、整頓で最も難易度が高いのは個人机である。個人がさまざまな考えを持っている中、全員が足並みをそろえて整頓を実施するためには整頓基準を設定することが重要となる(**図1**)。

■ 2. 整頓基準の活用

(1)5S点検への展開

整頓基準に設定された所定の置き場、置き方どおりにものが置かれ、表示が示されていることを5S点検で確認する。

(2)さらなる作業・業務改善

最初に基準を設定した場合に懸念されるのは、基準に従うことで、各人がさらなる改善を自分自身の力で考えなくなることである。

重要なことは、設定した標準・基準をベースに改善の余地を各人に認識させてさらなる改善を図り、新たな標準とすることを常に繰り返すことである。

(佐藤　直樹)

第6章 整頓の進め方

表1 発注在庫基準表(例)

発注在庫基準表
部署名：総務課

No.	品名	品番/規格		発注方式	発注点	発注量	最大在庫量	調達LT	調達先
1	ゼムクリップ	大	1,000本入り	定量	0	1箱(1,000)	1箱(1,000)	1日	㈱○○文具
2	ゼムクリップ	小	1,000本入り	定量	0	1箱(1,000)	1箱(1,000)	1日	㈱○○文具
3	ダブルクリップ	大	10個入り	定量	1箱	3箱	4箱	1日	㈱○○文具
4	ダブルクリップ	小	10個入り	定量	1箱	3箱	4箱	1日	㈱○○文具
5	スライドクリッパー	S	10個入り	定量	1箱	3箱	4箱	1日	㈱○○文具
6	ガチャ玉	大	200発入り	定量	0	1箱(200)	1箱	1日	㈱○○文具
7	ガチャ玉	中	100発入り	定量	0	1箱	1箱	1日	㈱○○文具

表2 整頓基準表例(生産現場)

作成・改訂日　201X年Y月Z日
作成者　　　　○○

対象物	基準							
	置き場	置き方	表示					参照写真・基準類
			区分	表示道具	表示内容	色	表示道具サイズ	
設備	—	—	場所表示	カンバン	機械名/設備管理責任者名	白地	A4サイズ/一文字	①
運搬具（フォークリフトなど）	専用エリア	—	場所表示	カンバン	「No.○○フォークリフト置場」	白	A3(297＊420mm)	②
			位置表示	ペンキ	区画線	黄色	線幅900mm	
			現物表示	ラベル	「No.○○フォークリフト」	白地	A5(148＊210mm)	
原材料	原材料置き場	パレット置き	置場表示	立てカンバン	「原材料○○置場」	場所表示専用デザイン（表示基準参照）	A4サイズ/一文字	③
			現物表示	現品票(ラベル)	現品票サンプル参照	白地	所定のラベルサイズ	
仕掛品	各工程仕掛品置き場	パレット置き	置場表示	立てカンバン	「○○待ち品置場」	場所表示専用デザイン（表示基準参照）	A4サイズ/一文字	⑤
			現物表示	現品票(ラベル)	現品票サンプル参照	白地	A3(297＊420mm)	
製品(完成)品	製品置き場	パレット置き	置場表示	立てカンバン	「○○完成品置場」	場所表示専用デザイン（表示基準参照）	A4サイズ/一文字	⑥
			現物表示	現品票(ラベル)	現品票サンプル参照	白地	所定のラベルサイズ	

図1 個人机の整頓基準(例)

個人机の整頓基準

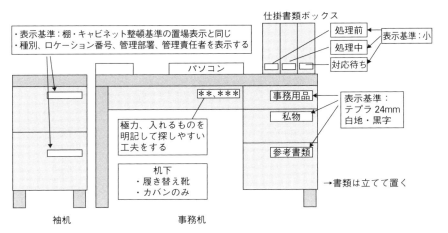

36 ライン、工程、設備表示

ライン、工程、設備をひと目で見えるようにして、生産現場の目で見る管理の基盤を作る

1. ライン、工程、設備表示の目的

製造現場において、誰が見てもわかるライン表示・工程表示・設備表示をすることは、生産現場における目で見る管理を行う上で重要となる。以下に要点をまとめる。

(1)ムダを見えるようにして改善を促進する

ラインや工程を表示することで、ライン・工程の順序やレイアウトが適切かどうかを目で見てわかるようにし、運搬や歩行のムダを現地現物で認識できるようになる。また、そのライン内や工程・設備に必要な材料部品・仕掛品・製品・治工具・運搬具などの置き場、置き方や標準手持ち数について、適切かどうかもわかるようになる。

このように、管理・監督者が異常・ムダ・問題点が見てわかる製造現場にすることによって、改善を促進することが可能となる。

(2)説明しなくても誰でもわかる

新人や初心者に対しては、作業の順番や担当する設備の表示が充実していることで、教育や指示を出しやすくなり、作業を習得しやすくなる環境がつくられる。

(3)現場の目で見る管理が容易になる

ライン内や工程・設備の名称を見えるようにすることにより、生産現場における目で見る管理(工程・納期管理、品質管理、作業管理、設備・治工具管理、現品管理、改善目標管理)を推進する上で、現地・現物での管理を容易にすることができる。

2. ライン・工程・設備表示のポイント

(1)表示の位置、フォームの標準化

表示を行うにあたり、表示の道具立て、位置、サイズおよび表示内容について標準化する必要がある。ラインや工程の表示内容については、工程の名称だけでなく、工程順・作業順や標準手持ちを表示できるような表示基準を準備するとよい。表示の向きは正面を設定し、管理・監督者の日常の立ち位置からひと目で全体が見えるのが理想である(**写真1**)。

そして工場のレイアウト図を作成したときに、表示基準をその中のライン名称・工程名称と整合させることが必要である(**写真2**)。QC工程表、標準作業票などの基準書とも名称が同じになるようにする。

(2)生産現場にあるものの置場表示

生産現場にある材料部品、仕掛品、製品、治具・工具、運搬具、消耗品などのそれぞれの置場表示には、どのライン・工程で使用するものなのかがひと目でわかる表示にする。すなわち、ライン・工程・設備の表示と個々の置場表示を紐付けることにより、用途・目的を明確にする。特に材料、仕掛品、製品は標準手持ちや在庫基準に合っているか見えるように工夫するとよい。

(3)管理・改善につなげるための表示の活用

(2)を行った上で、以下の観点で異常・ムダ・問題点を摘出し、改善につなげる。

①治具・工具の置き場、置き方、種類・数量は適切か

②仕掛品・製品の置場は次工程に対して適切か。取り出しやすい置き方、適切な数量(標準手持ち)となっているか

③部品の種類、置き場、置き方、数量は適切か

④運搬具の置き場、置き方、台数は適切か

⑤運搬のムダや動作のムダがないか

(黒田　啓介)

第6章　整頓の進め方

写真1　ライン表示・工程表示の事例

写真2　レイアウト図と設備表示の連鎖の例

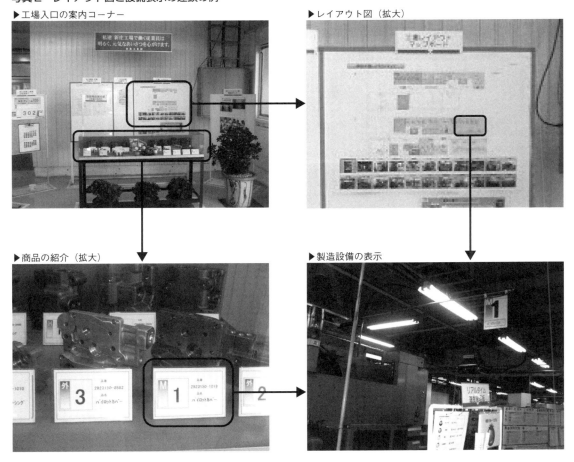

37 ロケーションの決め方

倉庫や棚などのものの置き場には、ロケーション番号(所番地)を付けて整頓の礎とする

1. ロケーション番号を付けるねらい

ものの置き場、その中でも特に倉庫の中や工場内・事務所内にある棚には、ロケーション番号(所番地)を付けて、さまざまなものの所在を、その番号と紐付けして管理できるようにする。そうすると、ものを探すムダや、どこに持って行けばよいのか、戻せばよいのかの迷うムダを、大幅に減らすことができる。

2. ロケーション番号を付ける時のポイント

ロケーション番号を付ける時のポイントを以下に挙げる。

①番号の付け方を、会社内・工場内で統一化する

②番号の付け方は、誰にでもわかりやすいものにする

③番号の付け方には、一貫性・法則性・拡張性(追加や削減などの変更の容易性)を持たせる

①ができていないと、たとえば、隣り合った部署・職場なのに、番号の付け方が違うなどの齟齬が生じて、ちぐはぐな印象を与える整頓になってしまう可能性が高くなる。

また、③ができていないと、整理をさらに進めてものの置き場や棚を減らした場合や、新たな必要なものが増えて逆に増やした場合、レイアウトを見直し・改善して配置が変わった場合などに、ロケーション番号の再付与がやりにくくなる恐れがある。

3. ロケーション番号の付け方

実際にロケーション番号を付ける際のポイントを以下に挙げる。

①番号を付ける起点を明確に決める

②番号を付ける起点は動かないもの・変わらないものにする

③番号の付け方の体系(ロケーションの番号体系)をしっかりと決める

④①～③を明文化して、基準化する

上記の4点を踏まえると、誰にでもわかりやすく、一貫性や拡張性、統一性があるロケーション番号を付けることが可能になる。**図1**と**図2**に、ロケーション番号の付け方の例を示す。

上述の方法とは別に、工場や倉庫などでその建屋の柱が見える場合は、柱と柱のスパンを利用して、番号を付ける方法もある。

図1のような要領で、縦方向のスパン番号と横方向のスパン番号を決めた上で、そのスパン番号の組み合わせで、ロケーション番号を付ける方法である。レイアウトの変更がほとんどない、たとえば倉庫のような場所で、かつ、柱のスパンと置き場の広さが合致するような場合においては、有効な場合もある。

ロケーション番号を付けたら、整頓基準の表示基準に従って、棚番号や棚段番号などを表示する。特に、棚番号を表示する際は、その棚の管理担当者や、その棚に収容されているものの代表名称(たとえば、原料、材料、金型、治具、計測器、備品くらいのレベルで)も併せて表示すると、よりどこに・何があるのかがわかりやすくなってよい。**図3**に表示例を示す。

(鈴木　理能)

第6章 整頓の進め方

図1 倉庫のような場所におけるロケーション番号の付け方例

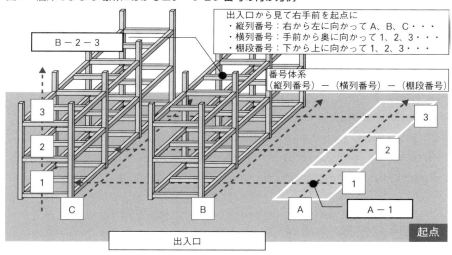

図2 工場内・事務所内で棚がある場所におけるロケーション番号の付け方例

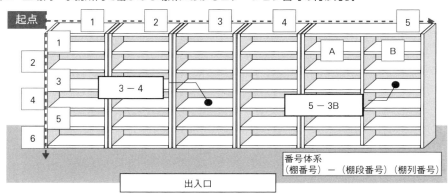

出入口から見て左上を起点に
・棚番号：左から右に向かって1、2、3・・・
・棚段番号：上から下に向かって1、2、3・・・
・棚列番号：（棚の中が複数列に分かれている場合）左から右に向かってA、B、C・・・

図3 棚番号や棚段番号の表示例

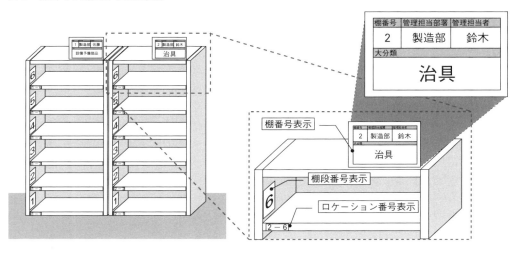

79

38 通路・置き場区分の整頓

ものの整頓の前に、まずエリアを整頓！
通路、置き場、作業場のレイアウトを明確にする

1. エリアの明確化とそのねらい

　職場の中や身の回りのものの整頓に取りかかる前に、特に工場の中においては、大所高所的な視点で安全性と作業・移動・運搬などの効率性を考えて、次の4つのエリアを明確に区分する必要がある。

　①通路エリア：歩行者用通路、車両用通路など
　②作業エリア：ライン、各種作業場など
　③保管エリア：材料・部品・仕掛品・完成品置き場、金型・治具置き場、運搬具置き場など
　④危険エリア：立入・進入禁止個所、通行禁止個所など

　これにより、ものを置いても良い場所・悪い場所や危険な場所を明確にして、置いてはいけない場所にものが置かれている（たとえば通路上に置いているなど）場合や、置き場からはみ出るくらいにものが過剰に置かれている場合に、それらのことがひと目見て異常とわかるようにする。

2. エリア別の整頓のポイント

　4つのエリアのそれぞれの整頓のポイントを以下に挙げる。

(1)通路エリア

　①メインの出入口を起点に、工場の内外に向かって直線である
　②見通しが良い
　③フォークリフトなどの車両の往来が激しい場合は、歩行者用の通路を設ける

(2)作業エリア

　①前後関係があるラインや各種作業場は、工場の入口から出口に向かって、工程順に直線的に近接して並んでいる
　②（特にラインの場合）U字型に配置して、もの

の出入口が通路に面している

(3)保管エリア

　①先入れ・先出しが容易にできる
　②間口は広く、奥行は狭く
　③通路に対して、直角・平行になっている

(4)危険エリア

　危険であることや立ち入ってはいけないことが、ひと目見てわかる。

3. 区画線の維持管理

　エリアの設定が終わったら、エリアを明確に区分するための区画線を引く（**図1**）。何センチの幅で、何色で引くのかを、事前に基準化した上で引くのがよい。**図2**にその基準の例を示す。それに加えて、**図3**のように、エリアごとに床の色も決めて、塗り分ける方法もある。

　区画線を長持ちさせるためには、

　①清掃の段階で、日常清掃の項目として区画線の清掃を入れる
　②躾や安全教育の一環として、区画線を踏まないように指導する

などして、区画線を大切にする意識付けも、普段から必要である。**写真1**は、ある会社での意識付けの一例で、社員が作成したポスターを用いている。

　また、必要に応じて、床面が凸凹している場合はその補修・整備を、フォークリフトの置き場やよく通る場所の柱や壁には、その保護のための養生などもしておくとよい。

（鈴木　理能）

第6章 整頓の進め方

図1 通路エリア・作業エリア・保管エリアの明確化例

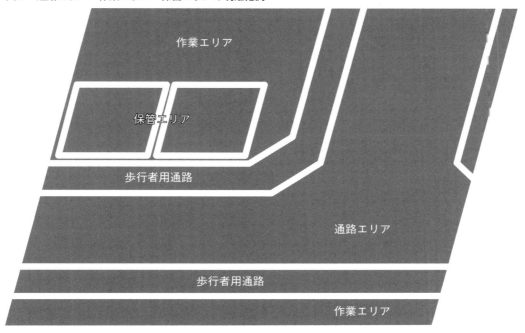

図2 床・区画線基準の例

区分	基準		
	色	幅	道具
床	緑		ペンキ
区画線	白	5cm	ペンキもしくはテープ

写真1 区画線維持のための意識付けの例（ポスター）

図3 エリアごとの塗り分け例

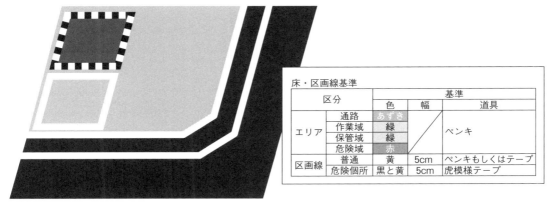

81

39 機械加工職場の整頓

整頓で安全を確保するとともに、製造リードタイム短縮と作業効率向上の基礎を作ろう

1. 機械加工職場の問題点

機械加工職場の整頓の対象物は、機械設備そのものはもちろんのこと、以下のように分類される。

①材料、仕掛品、完成品
②型、治具、測定具
③加工工具、段取工具、保守工具
④潤滑油、研磨剤（消耗／副資材）
⑤吊り具、運搬具

機械加工職場の管理上の問題点としては、

・汎用性が高い各種工具、刃具、測定具が混在しており、重複や探すムダが生じている
・材料、仕掛品の加工予定・進捗が現品を見てわからないため、在庫が多くなりがちで製造リードタイムを長くしている
・テープ、切削油など消耗材の過剰在庫によるムダが生じるとともに、欠品も発生している
・吊り具や砥石の選定基準が決められていない、または目で見てわからないので、安全・品質管理上の問題がある

といった点があり、これら諸問題を解決し、ムダの排除とともに、特に「安全の確保」「製造リードタイムの短縮」につながる整頓が求められる。

2. 安全を確保する整頓

まず、機械設備とそれ以外を確実に区分し、安全通路を確保するとともに、加工（作業）区域と保管区域を区分して作業場の安全性を確保する。また、分類⑤の吊り具などの使用基準、安全標識などを、誰もが見えるようにすることも重要である（図1）。

その他、機械設備の配置図とともに職場名・ライン名が表示されていること、安全装置の周辺にはものを置かないよう区画化するとともに表示があることなどが求められる。

3. 段取り時間と過剰仕掛品の改善につながる整頓

機械加工職場では、他職場と比較すると金型、治具などの重量物が占める割合が高いが、基本的には種類別に整頓対象物を分類し、それらが混在しないよう区分した置場設定が必要である。

特に型・治具や段取り工具などや吊り具・運搬具は、用途と使用頻度に応じて設備ごとに保管するものと、共用するものに分けて置く。そして段取り時間を短縮するべく、型や治具、工具のセット化や、迅速に運ぶための台車置きといった置き方を工夫する。また、使用後に決まった場所に確実に戻せるような置き方・表示をすることが重要である。図2は特定の設備ラインで使用する金型を集約し、指定席化した例である。

なお、使用頻度や保有数量、スペースなど種々の理由により指定席化が困難な場合は、保管場所を固定しない流動的な管理となる（→「42」）。

仕掛品は、次工程近くに置場を決め、最大在庫量・加工進捗（第〇工程待ちなど）・加工予定といった情報の表示をすることで、停滞や過剰在庫を抑制できるようになる。必要以上に置けないように保管スペースを制限し、目で見てわかるようにすることより、加工進捗遅れを防止して製造リードタイム短縮につなげることができる（図3）。

また、刃具や研削具などは「繰り返し使用する」ことと「消耗する」という2つの特徴があるため、使用中のものは指定席化し、予備品は在庫管理が必要である。

（藤田　伸之）

第6章　整頓の進め方

図1　吊り具の安全管理

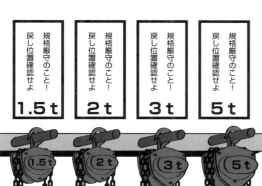

図2　金型の指定席化

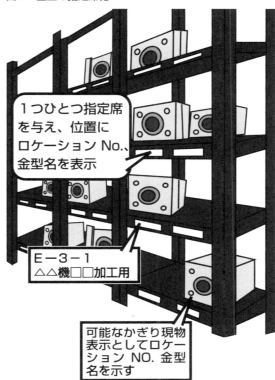

図3　加工仕掛品の整頓

40 組立職場の整頓

ムダな動作、移動をなくし、品質と生産性の高い組立職場を実現する

1. 組立職場の特徴

組立職場の形態は、次の2つのタイプに分けられる。1つは、中小型製品を繰り返し組み立てるライン型組立職場であり、もう1つは大型製品を組み立てる個別生産型組立職場である。

それぞれ共通して、部品、仕掛品、完成品、工具・治具・測定具、運搬具が置かれ、整頓の対象となる。以下、ライン型の組立職場と個別生産型の組立職場に分けて整頓のポイントを述べる。

2. ライン型組立職場の整頓ポイント

ライン型組立職場では繰り返し作業が多いため、徹底してムダを排除した作業域の整頓がポイントとなる。

(1)仕掛品の整頓

ライン型組立職場では、IE手法を駆使して動作のムダがなく、組立リードタイムが短いコンパクトなラインにすることが必要である。そのために、まずラインの長さを極力短くし、仕掛品の保管スペースを制限し、仕掛品在庫量を極力なくすことが必要である。

(2)部品の整頓

組立作業場に保管する部品は動作経済の原則にしたがって、作業域でのムダな動作がない配置や置き方にする。そして、部品の部品数を極力少なくして、アンドンなどを活用して配膳専任者がこまめに供給するとよい。

形や大きさが似ているなど識別が難しい部品については、現物の見本、写真や品質ワンポイントを誰でもが見てわかるように工夫する（**写真1**）。

(3)工具・治具の整頓

治具や工具は、取りやすく戻しやすい置場・置き方となるようにする。たとえば、取り置きのム

ダがないように吊り下げ式にしたり、必要な工具・治具がどこにあるか迷わないよう、使用する順番に置く工夫も有効である。（**写真2**）。

3. 個別生産型組立職場の整頓ポイント

個別生産品の組立職場では、受注に応じて、そのときどきに取り扱う製品も変わってくる。このためレイアウトがそのときどきで変わり、固定化できないのが特徴である。このため、次の点をポイントに整頓を進める。

(1)仕掛品の整頓

組立職場全体のレイアウト図を作成し、それに対応した組立日程計画、本日の作業計画を見えるようにする。併せて、仕掛品現物に現品票を貼り付けることにより、工程納期と実績を見えるようにして、組立リードタイムを短縮する。

(2)部品の整頓

製番や製品アイテムごとに必要な部品に限定し分類して置く（**写真2**）。作業場所も固定できないため、小物部品については可動式の部品台車を活用するなどして、ムダな移動をなくすことが必要である。

(3)工具・治具の整頓

使用頻度が高い工具・治具は、個人別に工具台車や工具箱に指定席化して置くことにより、探すムダや移動のムダをなくす（**写真3**）。一方、使用頻度が低い工具・治具については、工具板で共用化する。

（黒田 啓介）

第6章 整頓の進め方

写真1 部品置場の5S事例

写真2 ライン型職場の組立作業台での部品・治工具の整頓事例

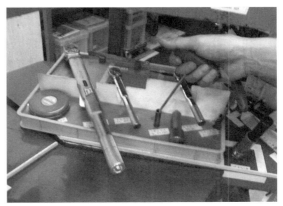

写真3 工具箱および工具台車による工具類の整頓事例

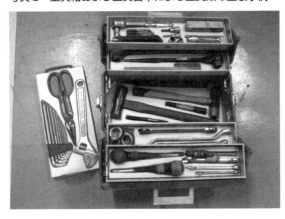

41 検査職場の整頓

検査職場は、正しく、計画的に検査をし、検査不合格品を流出させないことが必要である

1. 検査職場の整頓の目的・ねらい

検査職場は、製品が規定された要求を満たしているかどうかを検査するための職場である。

検査は、正しい方法で、計画的に実施する必要がある。検査場、検査機器、検査具の整頓をきちんと行うことで、検査ミスや検査遅れを防ぐことができる。

また、検査職場には、検査の結果不合格となった製品(不良品)や検査がまだ済んでいない製品といった、決して次工程に送ったり、客先に向け出荷したりしてはいけない製品が存在している。それらの次工程あるいは客先への流出を防ぐことができる整頓が非常に重要となる。

以上を踏まえ、検査職場の整頓のポイントを以下に挙げる。

2. 正しい検査ができる環境づくり

(1)検査場、検査機器の整頓

検査場や検査機器は、何を検査するための検査場あるいは検査機器なのかを明確に表示し、誰が見てもわかるようにする。検査場内で複数の検査機器がある場合、番号や記号をつけるとよい。また使用する検査機器に順番があれば、その順番で番号をつけると、誰もが迷わずに検査をすることができる(**写真1**)。

(2)検査基準、検査手順の整頓

各検査場・検査機器では、検査要領書や検査基準書、検査手順書、検査計画書などを見えるようにして、誰でも迷わず正しい順序で計画通りに検査をできるようにする(写真1)。

その他、限度見本、検査チェックリスト、記録のための事務用品など、検査職場に必要なものも作業性を考慮し、適切な置き場、置き方を決め、表示を行う。

(3)検査具の整頓

検査具は正しく、かつ効率的に検査を行うために、使用頻度や検査方法を考慮して作業しやすいように置き場を決める。そして取り出しやすく、かつ戻しやすいように置き方を決め、その上で表示を行う。さらに、検査具は種類によっては置き方に注意しなければならず、衝撃などから防ぐためのスポンジ状のマットを使用したり、チリやホコリが付きにくい場所に置いたりするなどの保護が必要である(**写真2**)。

また、各検査具は校正の状態(有効期限)を明確に表示することで見える校正管理を行うことも必要である。

3. 流出させない環境づくり

検査待ち品、検査不合格品、検査合格品は置き場を明確にし、誤って検査待ち品、検査不合格品を次工程や客先に流出させることのないようにする必要がある。

具体的には、この製品は今、検査待ちなのか、検査して不合格になったのか、検査して合格になったのかがひと目でわかるように表示する。表示は遠くからでも見えるように、大きく、はっきりと示すことが重要である。また、製品に添付する表示の色や製品を収納する容器やコンテナの色を変えるとわかりやすい。色は、不合格品は赤、合格品は緑など、社内で統一の基準を作成するとよい(**写真3**)。

(伊東　辰浩)

第6章　整頓の進め方

写真1　検査場・検査機器、検査要領書、検査計画書の整頓

写真2　検査具の整頓

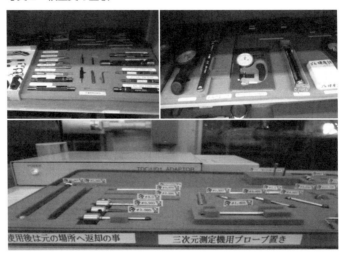

写真3　検査前・検査後の検査仕掛品の整頓

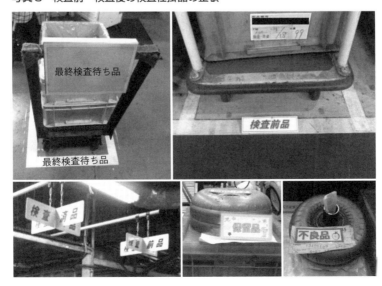

42 倉庫職場の整頓

「歩かせない」「運搬させない」「探させない」「迷わせない」倉庫の設計と整理・整頓

■ 1. 大規模な倉庫における整理・整頓

倉庫はものを保管し、必要に応じて入庫（格納）および出庫（ピッキング）作業が発生するエリアである。そうした特性から、保管場所の最適化（歩かせない、運搬させない）と保管品や仮置き品の整頓（探させない、迷わせない）が必要である。

(1)保管場所の最適化

倉庫業をはじめ、倉庫が広大で保管するアイテムの点数が非常に多く、日常的に入出庫作業が発生する倉庫では、入出庫頻度に応じた保管場所の設定がムダな移動や運搬の低減につながる。したがって、保管するアイテムを対象に、一定期間に発生した入出庫頻度のABC分析を実施する。**図1**の例では、全259アイテムのうち、上位14%のアイテム（わずか36アイテム）で入出庫頻度の50%を占めている。そのため、この14%のアイテムを"Aランク品"と位置づけ、搬入、搬出エリア、メイン通路に近接した"ゴールデンゾーン"に集約・保管するようレイアウトを設計すれば、ムダな移動・運搬はかなり低減できる。そして、倉庫レイアウト図を基に、Aランク品から、スリーピングストック、デッドストックのCランク品までの最適な置き場所を設計する（**写真1**）。

(2)保管品や小道具の整頓

保管品は、アドレス付与によるロケーション管理が原則である。倉庫平面図での「縦軸」「横軸」、そして各棚の「高さ（段）」という3つの軸でアドレスを設定し、格納やピッキング作業で、誰もが目指す保管場所まで一直線に進めるよう各保管品を整頓する。また、入庫においては荷受け作業、出庫においては梱包作業などがあるため、搬入出口付近に受け払い待ち品を仮置きできる場所も明確にしておくと、作業中でも常に倉庫内が乱れず、入出庫作業の品質と効率が向上する（**写真2**）。

作業者がピッキングや梱包などの作業に常時使用する小道具はセット化し、各セットの中においては姿彫りなどで1つひとつ整頓しておくことで、動作のムダ、探すムダを低減する（**写真3**）。

■ 2. 小規模な倉庫における整理・整頓

一方、小規模な倉庫（製造業における原材料や資材の保管倉庫などアイテム数が100点未満程度）では、もっと簡易的なやり方でもよい。こうした倉庫での整頓のポイントは、アイテムにより、保管場所が固定できるもの（固定アドレス管理）と固定しづらいもの（流動アドレス管理）に分けて、それぞれに応じた整頓をすることである。

(1)固定アドレス管理の整頓

各棚の配置およびアドレスを示す「倉庫見取り図」と、受け払いするアイテムを"あいうえお順"に網羅して各項目のアドレスを明示した「索引」とをセットで、倉庫出入り口付近に表示する（**写真4**）。こうした整頓により、決められたものが決められた通りに保管され、不慣れな作業者にも「探させない」「迷わせない」倉庫になる。

(2)流動アドレス管理の整頓

保管するアイテム点数に比して保管スペースが限られる場合は、保管場所を固定しない流動的な管理となる。つまり、入庫の際は、そのときどきの空きスペースに格納することになる。その場合、全アイテムを網羅したリストをホワイトボードで製作し、保管場所（アドレス）を示す札をマグネットシートで用意する。格納した場合や、ピッキングにより在庫ゼロになった場合は、ホワイトボード上にある当該アイテムのマス目に、格納した保管場所（アドレス）のマグネットを貼り付けたり、取り払ったりする（**写真5**）。　　　　（鈴木　秀光）

第6章 整頓の進め方

図1 出庫件数のABC分析（パレート図）

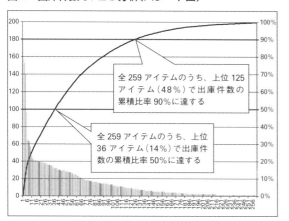

写真1 Aランク品からCランク品までの保管場所設計

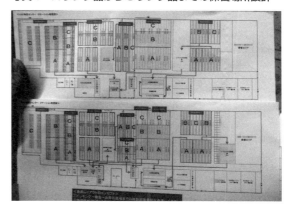

写真2 仮置き品の整頓（表示は三角柱で吊すとよい）

写真3 ピッキングツールの整頓（道具箱）

写真4 縦軸が番号、横軸がアルファベットのアドレス

写真5 流動アドレス管理の方法

43 材料・部品・完成品の整頓

入出庫作業の効率化と停滞状況や異常が
目で見てわかる仕組みづくりがねらい

1. 材料・部品・完成品の整頓の目的

材料・部品・完成品は、日々の入出庫量が変動するなかで、入出庫作業の効率化と停滞状況や異常が目で見てわかるような「置き場」「置き方」「表示」をすることが重要である。

材料・部品・完成品の置き場を固定し表示することは難しい場合もあるが、置き場を決めず、表示をしないと倉庫や現場のどこに、何が、いくつあるのかがわからない。そのために必要なものを探す時間が長くなったり、在庫を過剰に持っていたりもする。

そこで、材料・部品・製品の整頓は、入出庫作業の効率化と目で見て異常がわかる仕組みづくりをねらいとして進める。次に、材料・部品・完成品の整頓のポイントを示す。

2. 材料・部品・完成品の整頓のポイント

(1)フレキシブルな整頓

在庫変動、形状変更などに柔軟に対応できるように整頓を進めることである。

置き場は、エリア内をゾーン化して形態が同じものをまとめ、融通性を持たせる。置き場面積を決める際には入出庫のロット構成や時間を的確に把握し、必要以上の在庫を持たないよう設定する（図1）。

置き方は、パレット置きし移動しやすいようにする。また、棚置きであれば、2段3段と状況に合わせて使い分ける（図1）。

置き場の表示は、付けたり外したりすることが簡単なマグネットシートやフック付きケースなどを使って対応する（図1）。

(2)入出庫作業の効率的な整頓

ものを置いたり、取り出したりする作業を、誰もが短時間で確実にできるように整頓を進めることである。

短時間化のポイントは、置き場に共用材と専用材に分け、かつ専用材は製品別などに保管する。また、置き場は入庫と出庫の動線が混み合わないよう間口を広く奥行きを狭く取り、先入れ先出しを可能にする（図2）。

先入れ先出しとは、入庫されたものを使用する際、先に入庫したものから順番に出庫して使用することを意味する。在庫の長期滞留、品質劣化を防ぐためにとられる方法である。そのために、在庫品が入庫した時期をわかりやすくするように整頓を進める。

置き方は、下積みが発生しないように保管機器の選定も含めて工夫する。

表示は入庫側、出庫側からでもわかるように置き場表示板を吊り下げる。さらに、置き場に保管後の在庫マップを作成するとよい（図2）。

(3)異常が目で見てわかる整頓

不良品、過剰品、劣化品、欠品などの異常が、わかるように整頓を進めることである。

不良品は、良品とは別の置き場を設定し混入防止を図る。表示はパレットや個装箱などに色（赤色・黄色）を変えて表示する。また、置き場に区画線を引き、はみ出たら過剰品の異常がわかるようにする。

組立現場では、部品が1点でも揃わないと完成しないため、欠品の異常は、部品であれば、目で見てわかるような立札や管理表を用いて、整頓を進める。**表1**に部品のロケーションと部品の集約状況を一体化した部品集約管理表を示す。

（刑部　幸夫）

第6章 整頓の進め方

図1 フレキシブルな整頓の置き場・置き方・表示

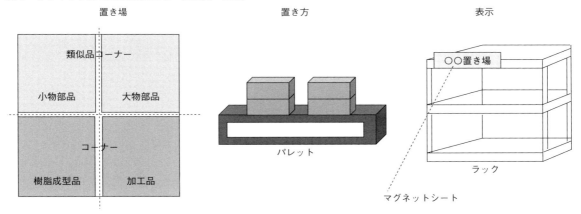

図2 入庫作業や出庫作業の効率的な置き場

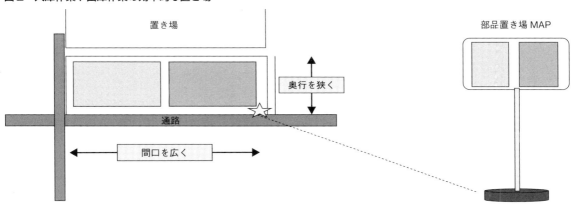

表1 部品集約状況管理表

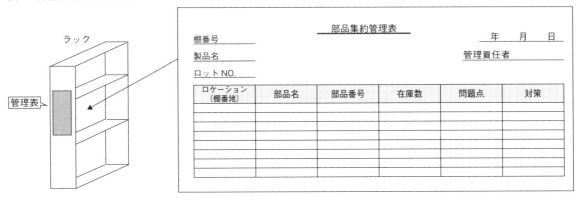

44 仕掛品の整頓

仕掛品は、停滞させないための置き場、置き方、表示がポイント

1. 仕掛品の定義

仕掛品とは、材料や部品を使用して製品になるまでの、加工中のものおよび工程間に保管しているものをいう。工程間に保管しているものは、工程待ち、ロット待ちに区分けされる。

工程待ちは、ロット全体が次の加工、検査、運搬などを待って停滞しているものであり、ロット待ちは、ロット生産で1個を加工しているとき、他が未加工または既加工状態で停滞しているものをいう。仕掛品の整頓で特に重要なのは、工程間停滞の仕掛りである。

2. 仕掛品の置き場・置き方・表示のポイント

仕掛品は、以下の管理状態にする必要がある。
①品目や加工日(時間)、次工程などがわかる
②必要なもの、必要な量だけ置いてある
③加工現場(作業者)の最も近くにある
④先入れ先出しができている
⑤良品と不良品が明確にわかる
⑥停滞状況がわかる

こうした状態を実現する基本的な要件が整頓であり、「置き場」「置き方」「表示」を仕掛品に応じて取り決めて、材料や組付部品と加工前や加工後などを対象に実施していくことである。

仕掛品の置き場は、製造工程の形態の違いや、仕掛品の物理的な大きさやロットの大きさを考慮し、前述の管理状態が維持できるように設定する。ここでいう製造工程の違いとは、組立加工、機械加工、装置加工などである。

置き場には必ず区画線を引き、決められた仕掛品や数量しか置けないようにする(**写真1**)。

置き方を設定する際に以下のことに留意する。

①使用するものは、すぐに取り出しが可能で、かつ先入れ先出しができている(**図1**)
②完成後の仕掛品は、次工程への運搬がしやすいよう直置きせず容器などを利用する
③使用する部品や加工品が手元にくるように、あるいは、使用した空容器が、楽に戻せるようなシューターなどを活用し、運搬活性を高める置き方をする(**図2**、**写真2**)
④小物部品は、動作経済の原則である、作業者の身体部位の使用の原則や作業場所の配置の原則に添って置き方を検討する

仕掛品の表示は、どこに何がいくつあるのか、どこに何をいくつ置くのかがわかるようにし、表示内容で異常や問題点を顕在化し、工程間仕掛り量の削減や製造リードタイム短縮につなげることが目的である。そのために、仕掛品の表示や伝票類(かんばん)などに盛り込む表示内容(置き場、品目、仕掛品の状態、加工情報)を明確にする。

置き場を表す表示は、ライン名、工程名、機械名、設備名であり、品目の表示は、材料名、部品名、加工名などがある。

仕掛品の状態を表す表示は、加工前、加工後、不良品、廃棄品などがある。

加工情報では、加工ロット、加工日、加工時間、加工者、加工数、加工不良数、次工程などがわかり、伝票(かんばん)を見れば停滞期間がひと目でわかることである。

また、仕掛り置き場の所番地を設定し、ロケーション表示も行うと管理がわかりやすくなる。

(刑部　幸夫)

第6章　整頓の進め方

写真1　仕掛品の置き場・置き方・表示の例

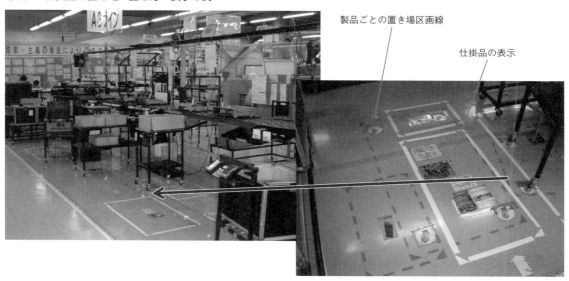

図1　先入れ先出しができる置き方例の例

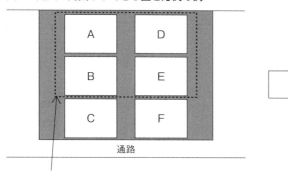

仕掛品をＡＢＣ順番に入れると
使うときＡＢは取り出しにくい

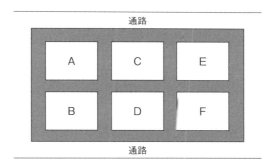

仕掛品の置き方を前後から取り出せる
ように置くと先入れ先出しが可能となる

図2　運搬活性の高い置き方の例

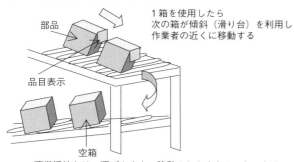

運搬活性とは、運びやすさ、移動のしやすさのことである。
この運搬活性を指数化したものを運搬活性示数といい、
この運搬活性示数を用いた分析を運搬活性分析と呼ぶ

写真2　シューターの例

45 不良品の整頓

不良をいましめて品質意識を向上させ、迅速かつ確実な処置と再発防止につなげる

1. 不良品の整頓の目的

不良品を管理する目的は、第1には、良品と不良品を間違えないようにし、不良品の誤出荷・流出を防ぐことにある。これらの、良品・不良品の基準が明確であり、置き場が明確であり、取扱いルールが明確である職場をつくり上げる必要がある。

第2の目的は、不良に対する迅速な処置と確実な再発防止につなげることである。不良品を目で見てわかるようにすることによって、職場のメンバーに対して不良をいましめ、品質意識を高め、改善につなげることが必要である。

不良品現物と不良の発生や分析結果と対策状況が見える品質管理板と連動して、改善活動や教育を活性化する。

2. 不良品の整頓ポイント

(1)良品と混同させない整頓

不要品と良品が混同しないように、不良品と良品の置き場を明確に分けて置くことが必要である。ライン内に一時置きする場合は、現品の表示や一時置場から不良品置場への移動のタイミングについて、明確なルールを定める。

不良品の置き方は、不良品箱に収納したり、不良品台に置くなど、誰が見ても不良であることが明確であるように工夫する。このために、不良品の置場や収納箱は「赤色」、手直しが必要なものに対しては「黄色」、材料不良には「青色」にするなど、不良の程度や内容によって、識別する。あるいは現品に色を塗る場合もある（**写真1**）。

さらに、不良品には「不良現品票」を貼り付けて、不良の内容、原因や処置状況を見えるようにする。そして、確実かつ迅速に処置が行われるよ

うにする。

(2)不良が目で見てわかる整頓

不良品は発生個所に近いところに置くだけでなく、関係者の目につく「一等地」に置くことが重要である。これを「不良さらし台」という。置いてある不良がいつ発生した不良（例：本日分）なのかや、どのような不良が発生しているかをひと目でわかるようにし、不良の発生量や内容が現物でもわかるようにする。

さらに、不良品の処置ルールを明確にして、不良品が停滞することのないよう、定期的に廃棄や手直しを行うことで、原因追究と再発防止につなげるようにする。

(3)品質改善を促進する不良品の整頓と活用

①品質管理板との連動

品質改善のため、昨日の不良の実績や不良分析結果を品質管理板に見えるようにする。それと対応して、不良の現品も連動して見えるようにして、原因追究や対策の検討を現物でしやすくする（**写真2**）。

②新人教育

新人へは、検査手順や限度見本、不良品の処置ルールなどについて教育し、良品・不良品の混同防止と不良発生時の報告・連絡を徹底する。これらの手順書やルールは検査する現場で確認できるようにする。

③品質の予防的管理

作業開始前に不良品置場に関係者が集まって、最近の不良状況とその不良現物を見ながら、品質上の注意点（品質ワンポイント）を見えるようにして、管理する（**写真3**）。

（黒田　啓介）

第6章　整頓の進め方

写真1　検査工程での不良品の隔離

写真3　品質管理板と連動した不良品置場

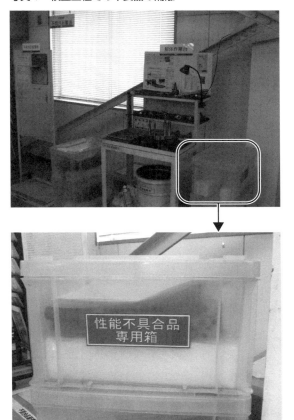

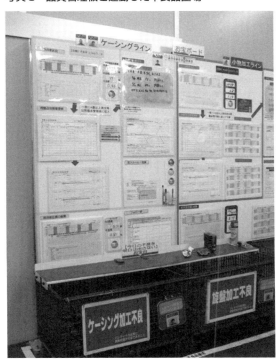

写真2　不良品置場事例

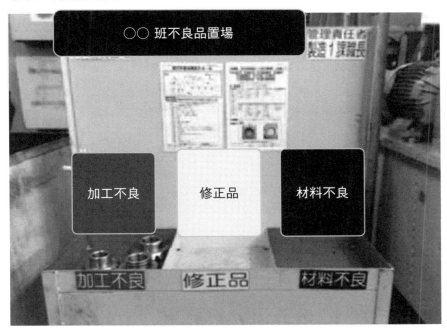

46 運搬具の整頓

運搬具は置き場、置き方、表示を決めて定置管理を実施

1. 運搬具の範囲と整頓のねらい

運搬具とは、構内でものを運搬する機器のことで、フォークリフト、ハンドリフト、台車、パレット、クレーンのようなものが対象となる。

代表的な運搬具であるフォークリフトや台車は、作業者が適当に置いていることが多い。運搬具をきちんと整頓しておくことは、仕事の効率化と安全性を考える上で、きわめて大切なことである。

フォークリフトを取りに行くのに時間がかかったり、台車を探し回っていたり、上に置いてあるものを片づけたりしていたのでは、仕事の効率化は望めない。また、決められたように置くことは、安全面からも重要である。

2. 運搬具の整頓の仕方

運搬具の整頓は、使用していない時、どこにどのようにして置くかを最初に考え、置き場、置き方、表示を決めるようにする。

⑴置き場、置き方の工夫

フォークリフトや台車などは、使っていない時にどこに置くかが問題になる。置き場を決める際は、次の事項に留意する。

①比較的多く使用する場所
②他の作業や通行の妨げにならない
③使用する時に取り出しやすい
④物品棚や置き場のすぐ前は避ける
⑤すぐ近くに危険物や破損しやすいものがない

置き方としては、直線・直角・平行の基本どおりに置くようにする。また、フォークリフトをすぐに使える状態にするには、給油や充電のルールを決め、日常点検で確認する。台車は、ものを置く台として使っているケースも見られるが、いつでも使える状態にする(**図1、図2**)。

パレットは、ものを置く台として使う場合と、ものを運ぶ道具として使う場合がある。運搬具として使う場合は、フォークリフトや台車に準じて考える。パレット数が多いところでは、横にして上へ積み重ねる置き方にする。パレット数や使う頻度が少ないところでは壁面に立てかけてもよいが、フックやチェーンなどを使い、横倒し防止などの安全対策を実施する。

クレーンは、同じ運搬具でもフォークリフトなどと違って設備の一部ではあるが、移動する運搬具として考える。このため、使っていない時の停止位置と高さを決めておくようにする。

⑵表示の工夫

フォークリフトと台車は、形や大きさに合わせて床に区画をして線引きする。そこに、フォークリフトまたは台車と大きく表示する。複数台ある場合は、フォークリフトや台車と置き場所に番号を表示しておくと、指定されたところに戻ってくる。また、床が汚れやすい職場は吊り表示か壁面表示など実施するとよい。区画線は、見えにくくなった段階で表示を直すようにする。(**写真1、写真2、写真3**)

パレットは、台として使う場合は上に置くものの品名表示になるが、床表示にするとパレットの下となり見えにくくなることがあるので、吊り、立札、壁面のいずれかによる表示が適している。クレーンは、使っていない時の停止位置と高さを合わせ、高所に目立つように表示する。

(刑部　幸夫)

第6章 整頓の進め方

図1 フォークリフトの置き場の例

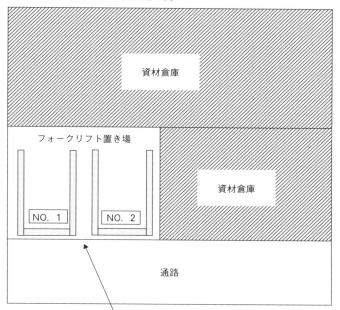

作業や通行を妨げず、使用する時にすぐに取り出しやすいような場所を選ぶ

写真1 フォークリフトの定置化

原位置に戻すための番号表示

図2 台車の置き場の例

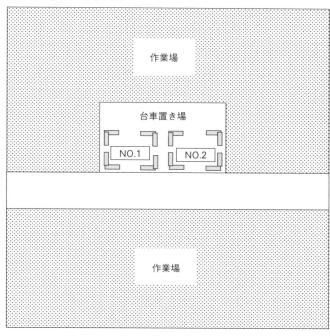

写真2 台車の定置化

写真3 ハンドリフト・台車の定置化

47 型・治工具・刃具・検具の整頓

加工・仕上・検査作業の安全・品質・効率を向上させる整頓テクニック

1. 段取りの効率化を実現する整頓

　加工職場においては、型替えの交換時間など段取り時間の短縮化が、在庫削減、製造リードタイム短縮、小ロット生産などに効果を発揮する。段取り時間の短縮化の基本的要件は、型そのものやその交換作業に使用する治具の、徹底的な整頓である。

(1)型の整頓

　製品仕様ごとに使い分けられる金型などは、原則として1つひとつ整頓（置き場を決めて表示）をする（**写真1**）。そうすることで、誰が使用しても、使用後には必ず元の位置に戻されるため、次に使用するときに（当該の型を）探すようなことはなくなる。通常は、それぞれの置場（棚、床）に位置表示をするのがセオリーである。

(2)型の交換作業に使用する道具の整頓

　さらに、こうした型を取り付けるための固定具やそのための工具も、種類ごとに整頓し、型と同様に探さずに済むようにする（**写真2**）。また、型のような重量物の運搬に使用する吊り具（ワイヤー、スリング、シャックルなど）については、やはり種類ごとの整頓も重要であるが、併せて、安全上の点検基準（ほつれ、綻び、腐食、キズなどの使用NG基準）を置場に表示し、使用前点検、定期点検の品質と効率を向上させる（**写真3**）。

2. 加工作業の効率化を実現する整頓

　型についたキズやバリを放置して製品を生産（プレス）すると、不良（外観、形状）を作ってしまうおそれがある。よって、キズの修整（研磨）など型の手入れも品質上は欠かすことのできない作業であり、手戻りをなくすという意味では効率性にも直結する。そうした修整作業に使用する刃具（砥石など）も種類ごとに整頓しておく（**写真4**）。治工具もそうであるが、棚など固定された場所でなく、台車など機動性のあるものにセット化し、整頓しておけば、台車ごと手元に引き寄せておくことでいちいちピッキングせずとも、すぐに使用することができる。

　また、こうした研磨用の砥石やフラップホイールは消耗品であるが、一定程度まで摩耗したら研磨機能を喪失する。しかし一方で、ある程度までは繰り返し使用が可能であり、研磨機能を保持しているうちは限界まで使用されることが望ましい。そこで、こうした消耗品の摩耗度合いはその外径に表れるという性質に着目し、廃棄基準を明確にしておくとよい。作業効率を著しく低下させる再利用のムダを防止すると同時に、まだ使用に耐えうるものを廃棄するというムダをも防止する。廃棄基準は、写真や説明書き（種類ごとに寸法）の表示でもよいが、実際にものを通してみて、ストンと落ちれば限界まで使用したもの、通らなければまだ使用できるものとわかるフィルタ式（濾過式）の道具立てがあれば一目瞭然である（**写真5**）。

3. 検査の効率化を実現する整頓

　工程内検査、製品検査に使用する測定器も、型や治工具と同様に、1つひとつ整頓する（**写真6**）。繰り返し使用するものは、1つひとつのレベルで置き場所、戻し場所を決め、使用後に必ず元に戻すということが習慣化されていれば探すムダがないというのは、型や治工具と同様である。

　写真6のように、ものの形状に応じた置き方（この場合は引っ掛ける方式）にして、使用時に歯抜けになっている場合はそれがひと目でわかるとよい。

（鈴木　秀光）

第6章 整頓の進め方

写真1　金型1つひとつの整頓

写真2　金型取り付けボルトや治工具の整頓

写真3　ワイヤーなど吊り具の整頓と点検基準の表示

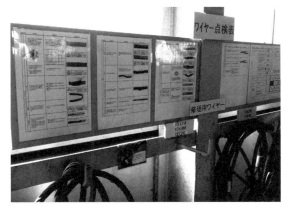

写真4　ハンドグラインダーと砥石の整頓

写真5　砥石の外径の消耗具合で使用可否を判定

写真6　ゲージの整頓（位置表示のフックが自動回転）

48 事務所の整頓

ムダのない見える事務所づくりを推進して、業務効率化の基盤を確立！

1. 事務所の整頓の目的

事務所は生産現場と比べると、ものや書類が人に付随していて、担当者に聞かないと置き場所などがわかりづらいことが多い。事務所の整頓の目的は、効率良く品質の高い業務を遂行するための基盤作りである。

すなわち、①ムダを徹底的に排除して、ものや書類を見ただけで、誰でも使いやすく、戻しやすい、わかりやすい職場にする、②情報の共有化を進め、コミュニケーションを促進して風通しの良い職場風土にすることである。

2. 事務所の整頓のポイント

事務所の整頓については、個人机エリアと共用エリアに分かれ、事務用品と書類が対象物となる。以下に整頓のポイントを紹介する。

(1)個人机エリアの整頓

個人机では一般的に、①事務用品、②私物（業務上必要なもの）、③書類に分類することができる。これらは使用頻度や引き出しの形状により、引き出しの上から①②③の順で置くようにする。以下に、この3つの要素の置き方・表示の考え方と進め方を示す。

事務用品はついつい多く持ち過ぎてしまう。そこでまず整理の段階で、使用頻度に基づいて持ち方を規定した手持ち基準を設定し、使用頻度の高いものを個人持ちとするのが「整理」にあたる作業である。その上で、使ったら確実に元に戻すための「指定席化」が必要である。

この手法の1つが姿彫りである（**写真1**）。事務用品の整理と整頓には5Sの考え方のエッセンスが含まれている。このため、多くの企業では全員で実施し、その後の活動の推進力となっている。

私物は業務上必要最小限にして、整然と置くことが必要である。また、書類については④業務書類、⑤参考書類、⑥仕掛書類などに分類される。業務書類は情報の共有化のために共用エリアに保管し、原則、個人机では保管しない。個人机の中で保管してよいのは、異動となった際に後任に引き継ぐ必要のない参考書類に限定する。

⑥の仕掛書類は作成、処理、閲覧途中の書類を指し、書類の停滞がないように、机上に「仕掛状態」を見えるようにして分類、管理することが必要である。具体的には、繰返し性のある仕掛書類の場合は、何の業務・書類がどのような処理状態（「受付・処理前」「処理中」「対応・回答待ち」など）なのかを見えるようにする（**写真2**）。

また個別案件の仕掛書類は、いつまでに処理する予定（期限）かを見えるようにするとよい。これによりペーパーリードタイムが短縮され、不在時のフォローも容易になる。

(2)共用エリアの整頓

使用頻度が高く、繰り返し使用する事務用品を個人持ちする一方、使用頻度の低い事務用品は部署ごと、グループごとで持つようにして、メンバーが使いやすい場所に共用事務用品置場を設けて指定席化（姿絵置き）することが必要である（**写真3**）。

また、消耗事務用品の整頓では、発注点管理といった見える数量管理も行うことが必要である（**写真4**）。業務書類は、業務のために入手、作成した引継ぎを要する書類で、ファイリングシステムを確立して、情報の共有化を進める（→「72」）。

（小島　康幸）

第6章　整頓の進め方

写真1　個人机の事務用品の整頓（姿彫り）

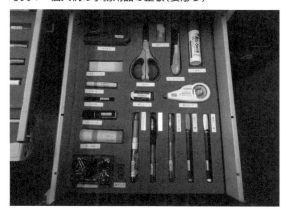

写真2　仕掛書類のボックス管理

写真3　共用事務用品の整頓（姿彫り）

写真4　共用消耗品の整頓

写真5　整頓を実施した事務所の例

第7章 清掃の進め方

49 清掃の進め方

清掃は、安全、設備保全、品質向上の基礎である

1. 清掃不十分による問題と目的明確化

清掃は、さまざまな汚れを取り除くことである。しかし、清掃作業を作業余裕として軽く見たり、自身が汚れるのを嫌って避けたり、生産が忙しくなると後回しされたりすることが多く、効果的に進められていないことが多い。さらに、清掃が不十分であると以下の問題が起きる可能性がある。

①汚れが溜まることで、労災事故が発生する

　具体例：床清掃が不十分で、滑りやすくなり、歩行時に転倒事故が発生する

②機械清掃の不十分による故障停止

③汚れが十分に落ちていないため、異物が混入して起きる品質トラブル

こうした問題が起きないために、清掃は単にきれいにすることではなく、労災事故、機械故障停止、品質トラブルを未然に防ぐためであると、目的を明確にして進める必要がある（**表1**）。

2. 清掃の具体的な進め方

清掃は、以下の手順で進める。

(1)一斉清掃

まずは一度、汚れをきれいに取り除くことから始める。特に機械設備は時間を十分に取り、徹底的に磨き上げる。

(2)汚染源対策

一斉清掃後に機械を動かすと、汚れの発生元や飛散状況がよくわかる。この時点で、油漏れ個所の修繕、飛散防止などの汚染源対策を行う。

(3)清掃ルールの作成、運用

一斉清掃と汚染源対策を行った場所を、いかにきれいなまま維持するかが大事で、そのためには清掃ルールの作成や運用が重要である。毎日、毎週、毎月、年数回と清掃頻度に応じて、清掃場所・時期・時間・方法を決めて運用する。

また、運用にあたっては、職場で清掃ルールの内容を常時確認し、実施の有無を見るためにも、職場内に掲示しておくとよい。

(4)清掃ルール運用後の改善

清掃ルールを漫然と運用するだけでなく、清掃実施後の出来栄えや、きれいさが維持されているかをチェックする必要がある。もし、ルールどおりに行われていても汚れが目立つ場合には、清掃頻度や方法を改善する必要がある。

(5)清掃用具の整備、改善

清掃用具についても整備、改善を行い、効率良く汚れが落ちることを追求する。

(6)共有場所、応援清掃、工場敷地外の清掃

主たる清掃場所は、生産現場と事務現場（オフィス）であるが、トイレ、廊下、階段、会議室などの共有場所も、清掃ルールと分担を決めて清掃する。

図1で紹介するように、事務所の人たちで粉じんの多い設備の年1回清掃を行うことで、生産現場の人と一体感を得る「応援清掃」など、清掃を活かしたイベントなども企画できる。また**図2**のように、社員が揃いのTシャツを着て工場の周辺の道路や公園を清掃し、地域貢献する例もある。

（丸田　大祐）

第7章 清掃の進め方

表1 汚染源と想定される事故、トラブル、対応

汚染源	想定される事故、トラブル	清掃・清潔の対応
油、溶剤、薬品の床、設備の飛散	・床への飛散による歩行時の転倒事故	・飛散防止カバーの設置
切粉、粉じん、ミストの床、設備、製品への飛散	・吸引による呼吸器系の事故 ・設備への飛散は、設備内に汚染源が侵入し、劣化による設備停止トラブル	・集塵機の位置、能力の改善 ・床への流出防止板の設置 ・一斉清掃後に汚染源特定、改善
ゴミ、くずなどの発生、飛散	・汚れの落下、付着による製品への混入による品質トラブル	・都度清掃による拭き取り、除去
工場外から侵入するホコリ、ゴミ		・定期清掃による拭き取り、除去

図1 事務部門の女性の生産現場の応援清掃

図2 工場外清掃で地域に貢献

50 清掃の要諦

清掃意識向上、清掃組織体制、清掃作業改善の三位一体が、清掃の要諦である

1. 清掃意識向上

　清掃は作業余裕と考えられ、通常の作業に比べ軽視されやすい。そうした意識を変えるためには、5S教育で清掃意識を高める必要がある。そこで清掃教育資料を整備し、全体朝礼、職場内の5S教育で事務局や5S委員が清掃の定義、ねらいなどを説明し、清掃意識向上を図っていく（**表1**）。

　また、清掃は心を磨く活動でもある。

　具体的な心とは、

　・5S活動を自分自身のものとしてとらえる心
　・職場を愛する心
　・職場のコミュニケーションを高める心
　・自主的に活動を行いリーダーシップを発揮する心

である。清掃を通じてこれらの心を理解し、させることが重要である。

2. 全員参加の清掃の推進

⑴1人1役、率先垂範の清掃

　5S活動は全員参加なので、当然ながら清掃も全員参加である。しかし、管理職が忙しさを理由に参加していないケースが見受けられる。たとえば、自分の机を部下に拭かせ、みずからは席に座っていることがある。これでは、メンバーの清掃に対する意識と士気が下がる。

　そこで、職制の聖域を設けずに1人1役、場所を決めて清掃を実施させる。ある企業では、月1回の一斉清掃で、管理職が率先垂範で汚れのひどいゴミ箱を自らぞうきんで清掃している。そうした姿をメンバーに示すことで、全体の清掃意識向上につなげる。

⑵清掃後ミーティングの運用

　「清掃は点検なり」との言葉もあるように、清掃終了後、清掃時に気づいたこと、清掃方法で改善

が必要なことを話し合う清掃後ミーティングを行う。清掃後、ミーティングを継続することで、メンバーの参画意識と改善意識も高まる。

3. 清掃方法の改善

　清掃を短時間でかつ、効果が出るようにするためには、清掃方法の改善が必要である。そのためには、以下の方法で改善をしていく。

⑴清掃用具の整頓

　清掃を行うにも、清掃用具が整頓されていないために、清掃の準備に手間取る場合がある。そこで、清掃用具の整頓を行う（**写真1**）。清掃に必要な用具を揃え、移動式にして清掃場所に持っていけるように工夫してあるので、すぐに清掃ができるようになっている。

⑵清掃用具の交換ルールの明確化と工夫

　先が曲がって掃きにくいほうきや、汚れが付着し、拭くことで逆に汚れを拡散させる恐れのあるモップで清掃しても効果が得られにくい。そこで、清掃用具の交換ルールを作成、運用することで、清掃用具が限度を超えたら交換し、効果的な清掃を実施していく（**写真2**）。また、清掃しにくい、清掃しても汚れが十分に落ちない場合には、清掃用具の選定からやり直していく。さらには、市販の清掃用具で適切なものがない場合には、自社で清掃用具を製作して、使用している場合もある。

⑶清掃手順の作成と運用

　清掃手順がないため、同じ場所を清掃させても人によって時間や出来栄えが違う場合がある。そこで、バラツキの出やすい清掃作業に絞って、清掃時間、使用する用具、実施手順をまとめた清掃手順書を作成、運用する。また、定期的に見直して、より効果の出る手順にしていく。

（丸田　大祐）

第7章 清掃の進め方

表1 清掃教育資料例

清掃の進め方　定義・ねらい
(1)清掃の定義 　　清掃ルールを作成し、ルールに沿った清掃で職場をきれいにすること (2)清掃のねらい 　①次の作業をしやすくするため 　　１日またはシフト終了後に清掃を行うことで、次の作業の準備をしやすくするため 　②清掃で５Ｓの心を磨く 　　みずからの手で職場をきれいにすることで５Ｓ活動を自分自身のものとしてとらえるため 　③職場のコミュニケーション向上 　　全員参加で清掃することで一体感を生み、コミュニケーションを高めるため

写真1　清掃用具の整頓例

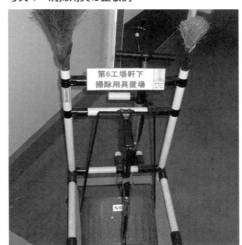

写真2　清掃用具の交換ルール例

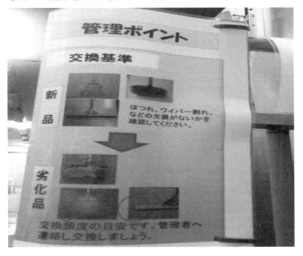

105

51 清掃ルール・帳票の作り方

清掃を円滑かつ効率的に、そして確実に実行するための清掃ルールが必要不可欠

1. 清掃ルール作成の目的・ねらい

「49. 清掃の進め方」「50. 清掃の要諦」で清掃の重要性、ねらいを示したが、ここでは、清掃を確実かつ円滑に進めるためにはどうすべきかを解説する。

同じ場所を清掃させても、人によって出来栄えが違う時がある。その原因は、手順、実施方法などのルールが決まっていないためである。そこで、誰が、いつ、どこを、何を使って、どうやって行うかを定めた清掃ルールを作成し、それに基づき、清掃を進めていくとよい。

2. 清掃の種類

清掃を頻度別に、毎日清掃、毎週清掃、毎月清掃、一斉清掃(特別清掃)に分類し、それぞれどのような目的で行うのか、具体例としてどのようなものがあるのか、かける時間はどれくらいが適切なのかを**表1**にまとめる。

清掃ルールは、表1で示した頻度別の各清掃について、清掃個所、担当者、清掃方法、所要時間などを設定していくと作りやすい。以下に、清掃ルールの作り方を述べる。

3. 清掃ルール・点検表の作り方

各職場の清掃ルールは以下の手順で作成する。
①清掃を頻度で区分する
(例)毎日、週1回、月1回以下などと区分
②清掃個所を設定する
(例)毎日：床・通路、各機械回りなど
　　　週1回：完成品置場、白線など
　　　月1回以下：棚上、窓・壁、電灯など
③担当者を決める
④清掃方法と使用用具を決める

(例)清掃方法：拭き掃除、掃き掃除など
　　　使用用具：ホウキ、ウエス、洗剤など
⑤所要時間を決める
長い時間をかけるのではなく、短い時間でキビキビと行うように設定する。
⑥実施時期を決める
(例)毎日：終業後
　　　週1回：金曜日の終業後
　　　月1回：月末の終業後
　　　年数回：長期休暇前の午後

なお、上記①～⑥に加え、「どの程度まで」(たとえば、指でこすってもホコリがつかない程度など)を決めるとさらによい。

この手順により清掃ルールを決めた後、必要に応じて出来栄えの評価や、実施者によってバラツキの出る場所や頻度が少なく忘れがちな場所は、清掃手順書を作成し、運用する。

また、清掃ルールに基づき、確実に清掃を行ったかどうかをチェックする手段として、清掃点検表を作成する。各清掃を縦軸、毎月の日付を横軸にした表において、管理者・監督者は、清掃実施予定日に「白丸」を記入し、清掃の実施を確認したら「白丸」を「黒丸」にする。清掃がルール通り実施されていないと判断した場合や出来栄えが悪く汚れが目立っている場合は、「黒丸」にせず、「点検者コメント」にその旨を記入し、担当者に再清掃を命ずる。再清掃を命ぜられた担当者は、再清掃を実施後、「処置」「原因・対策」に記入し、点検者に報告する。

清掃ルールと清掃点検表を一緒にすると、清掃の実施管理をしやすくなる。一例として、**表2**に「清掃ルール・点検表」を示す。左側が清掃ルール、右側が清掃点検表となっている。

（伊東　辰浩）

第7章 清掃の進め方

表1 清掃の種類

清掃の種類	目的	具体例	頻度	時間
毎日清掃（日次清掃）	各自の身の回りの基本清掃	機械・机拭き、機械・机周りの片づけなど	毎日	5～10分程度
毎週清掃（週次清掃）	各職場の基本清掃	共用部分の置き場、棚の清掃など	週1回	15～30分程度
毎月清掃（月次清掃）	普段手の届かない部分の清掃	隅部の清掃、汚れ除去、屋外清掃など	月1回	30～60分程度
一斉清掃（特別清掃）	通常行わない清掃や大掃除	長期休暇前の大掃除など	年数回	2～4時間程度

表2 清掃ルール・点検表

職場名	製造部
主清掃エリア	機械加工
5Sリーダー名	小坂
担当名	山崎、丸田、伊東　作成日：20XX/XX/XX

清掃ルール・点検表

取締役	部長	課長	作成

清掃ルール

頻度	清掃箇所	山崎	丸田	伊東	清掃方法	使用用具	所要時間	実施時期	備考
毎日	床・通路	○	○	○	掃き掃除	ホウキ	5分	終業後	
毎日	機械A回り	○			掃き掃除・拭き掃除	ホウキ・ウエス	5分	終業後	
毎日	機械B回り		○		掃き掃除・拭き掃除	ホウキ・ウエス	5分	終業後	
毎日	機械C回り			○	掃き掃除・拭き掃除	ホウキ・ウエス	5分	終業後	
週1回	仕掛品置場①	○			掃き掃除	ホウキ	15分	終業後	月曜日
週1回	仕掛品置場②		○		掃き掃除	ホウキ	15分	終業後	月曜日
週1回	仕掛品置場③			○	掃き掃除	ホウキ	15分	終業後	月曜日
週1回	完成品置場	○	○		掃き掃除	ホウキ	15分	終業後	水曜日
週1回	通い箱置場			○	掃き掃除	ホウキ	15分	終業後	水曜日
週1回	白線				拭き掃除	雑巾・洗剤	15分	終業後	金曜日
月1回以下	棚上			○	拭き掃除	雑巾・洗剤	30分	終業後	月末
月1回以下	ボイラー室	○			掃き掃除・拭き掃除	ホウキ・雑巾・洗剤	2H	午後	長期休暇前
月1回以下	窓・壁		○		拭き掃除	雑巾・洗剤	2H	午後	長期休暇前
月1回以下	電灯			○	拭き掃除	雑巾・洗剤	2H	午後	長期休暇前

清掃点検表（XX月）

清掃箇所	1	2	3	4	5	8	9	10	11	12	15	16	17	18	19	22	23	24	25	26	29	30	31
床・通路	●	●	●	●	●	●	●	●	○	○	○	○	○	○	○	○	○	○	○	○	○	○	○
機械A回り	●	●	●	●	●	●	●	●	○	○	○	○	○	○	○	○	○	○	○	○	○	○	○
機械B回り	●	●	●	●	●	●	●	●	○	○	○	○	○	○	○	○	○	○	○	○	○	○	○
機械C回り	●	●	●	●	●	●	●	●	○	○	○	○	○	○	○	○	○	○	○	○	○	○	○
仕掛品置場①	●					●					○												
仕掛品置場②	●					●					○												
仕掛品置場③	●					●					○												
完成品置場			●					●					○					○					
通い箱置場			●					●					○					○					
白線					●					○				○					○				
棚上																					○		
ボイラー室																					○		
窓・壁																					○		
電灯																					○		

日付	点検者コメント	処置	原因・対策
10日	機械B回りに切粉が残っている。再度清掃すること。	11日の始業前に再度清掃し、切粉をなくしました。	今回は、清掃後の自主点検を怠っていました。今後、毎回必ず自主点検を行います。また、切粉が残らないよう清掃方法、用具を見直し、22日に提案します。

52 一斉清掃および日常清掃の進め方

「自分たちの職場は、自分たちできれいにする」行動を変えて、意識を変えよう

1. 一斉清掃の意義

　一斉清掃とは、普段の清掃（毎日清掃、毎週清掃、毎月清掃などの日常清掃）では清掃を実施しない部分や場所について、工場や事業所などの全体で日取りを決めて、一斉に行う清掃のことである。

　一斉清掃を実施する意義は以下のとおりである。
①普段手が行き届かない部分・場所まで、一挙にきれいにする
②普段の清掃のあり方を反省して、清掃ルールの見直し（日常清掃の頻度、個所、方法、使用道具などの見直し）や汚染源対策につなげる
③全員で取り組むことによって、一体感やチームワーク、5S意識などの向上を図る

2. 一斉清掃の進め方

　一斉清掃を実施する時期は、5月の連休前、夏休み前、年末など、長期の休みに入る前が適当であり、会社の行事カレンダーに組み込んで、定例化してしまうのがよい。また、5S活動を始めたばかりであれば、職場の汚れ具合にもよるが、整理実施後もしくは整頓実施後に一斉清掃を実施して、次のステップに弾みをつけてもよい。

　一斉清掃を実施する際は、清掃個所（対象と範囲）、清掃内容（方法）、担当者（投入する人数）、清掃時間などを事前に決めて、必要な清掃用具などの準備をしっかりと整えた上で取りかかるようにする。特に大規模な工場などにおいて、場所が広い、汚れがひどくて手間や時間がかかるなど、その職場の人員だけでは手が回らない場合には、管理・間接部門から応援に入るようにする。

　ある会社では、「コラボレーション5S」と称して、工場の部署と管理・間接の部署とで組を作って、お互いに応援する体制を確立している。それ

によって、普段の5S活動や特に一斉清掃などを通して、一体感の向上を図っている。**写真1**と**写真2**は、その会社での一斉清掃の様子である。

3. 日常清掃の意義

　大きな会社においては、専門の業者に依頼して社員に代わって清掃を行っている場合もあるが、そうでない場合は、誰かが清掃を実施しない限り、職場内は汚れる一方で、きれいになることはない。つまりは、「自分たちの職場は、自分たちできれいにする」ほかないのである。

　日常清掃を実施する意義は以下のとおりである。
①何かと敬遠しがちな清掃について、自分たちで清掃ルールを作成して、みずからが決めたルールどおりに清掃を行って、「普段から清掃を実施する」という習慣を身に付ける
②日常清掃の実施を通じて清掃する大変さに気づき、「職場や職場のものを、汚さないように使う・きれいに使う」との意識を持つ
③行動が変われば意識も変わるので、日常清掃の実施を通して、「自分たちの職場は、自分たちできれいにする」といった意識を持つ

4. 日常清掃の進め方

　清掃ルールは、定期的に、もしくは、一斉清掃を実施するたびに、見直すようにする（→「51」）。
　清掃ルール見直し時の要点を以下に挙げる。
①清掃の頻度が適切か
②方法（使用する清掃道具）が適切か
③他にも清掃を実施すべき個所がないか
④もっと楽に清掃する方法はないか（汚染源対策につなげる）
　こうした見直しを繰り返して、常に活きた日常清掃ルールとする。
　　　　　　　　　　　　　　　　　（鈴木　理能）

第7章 清掃の進め方

写真1 一斉清掃の様子(実施前の注意事項・段取りの説明)

ヘルメットではない帽子の方々が管理・間接部門からの応援者

写真2 一斉清掃の様子

109

53 設備清掃と汚染源対策

設備清掃は設備点検の初歩。工場内の清潔度の向上は汚染源を断つことから

1. 設備清掃の意義

設備の日常点検の一環として行う設備清掃の意義は以下のとおりである。

①普段その設備を使用している作業者が、清掃時に直接設備を見て、触れることで、異常な音・振動・発熱・漏れや、各種配管の継ぎ手・栓のゆるみ、ねじ部のゆるみなどの異常を、早めに察知・発見する（清掃は点検なり）

②設備清掃を行う中で、設備を大切に扱う意識・習慣を養う

設備清掃は、設備の日常点検の項目の中に清掃の項目を設けて、その中で、清掃個所（部位）、清掃方法、清掃頻度を設定して、計画的かつ効率的に進める。

また、普段の清掃だけでは清潔度がなかなか上がらない場合には、汚染源対策を実施することで設備清掃の改善・効率化を図るようにする。

2. 汚染源対策の進め方

⑴汚染源とは

汚染源とは、文字のとおり、汚れが発生する場所、つまり汚れの発生源である。工場における主な汚染源は、以下のような場所である。

①油、溶剤、薬品、水などの液体を使用・保管しているところ

②切粉、粉じん、ミストなどを発生・飛散させているところ

③作業にともなって、ゴミ・くずなどを発生・飛散させているところ

④ホコリ・ゴミなどを工場内に侵入させているところ

⑵汚染源対策の目的

汚染源対策とは、「汚れが出ないから清掃の必要がない」という姿を目指して、汚れを発生させない設備や作業の方法・条件・用具・環境などの改善を進めることである。

その目的を以下に挙げるが、これらの目的が果たせれば、安全・品質・生産性・職場モラルの向上にも必ずつながるので、多少の費用は掛かっても、実施する効果は大きい。

①設備の劣化防止・異常の早期発見

②清掃時間の削減

③作業環境の向上

⑶汚染源の特定の仕方

①徹底的な清掃

「ピカピカ作戦（→「55」）」などを実施して、設備そのものと配管などを含む設備の周辺も徹底的に磨き上げ、場合によっては、汚れが観察しやすいように塗装をし直すなどの手段をとる。

②じっくりと観察

普段と同じように設備を使用して、汚れがどこから発生して、どのように飛散・拡散するのかを次に挙げる観点でじっくりと観察して、汚染源を特定する。写真1に観察例を示す。

⑷汚染源特定のポイント

場所別での特定のポイントは、⑴で述べたとおりで、以下では、現象別での特定のポイントを挙げる。

①飛散している

②あふれている・吹き出している

③付着する・付着している

④こぼれている・こぼしている

⑤（配管・配線などを）伝わっている

⑥にじんでいる

⑦落下している・垂れている

⑸汚染源対策のポイント

場所別・現象別で観察して、汚染源が特定でき

110

第7章　清掃の進め方

たら対策を実施するが、対策を検討する際は以下の順番で考えるとよい。

①汚れを出さない（発生させない）ようにする
②汚れの出る量（発生量）を減らすようにする
③汚れを広げないようにする（**写真2**）
④汚れを集めやすくする

実際に対策を行う際は、計画立てて漏れなく進めるようにする。**表1**に、そのための管理帳票の例を示す。

また、対策の効果を見るには、切粉の飛散量、切削液や機械作動油の補充量、清掃に要した時間（工数）などを、改善前と改善後、また改善中も定期的に把握して、その推移を時系列でグラフに表すとよい。

（鈴木　理能）

写真1　汚染源の観察例

設備を一度ピカピカに磨き上げると、汚れがどこから来ているのかが特定しやすい

写真2　切粉の飛散防止カバーの実例

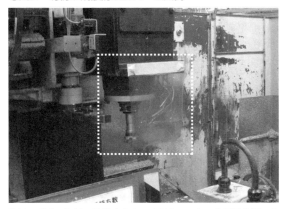

機械の動作と切粉の飛散方向をよく見定めると、必要最小限の大きさのカバーで済む場合もある

表1　汚染源対策管理表の例

第8章　清潔の進め方

54 清潔の進め方

清潔な職場を維持するポイントは、繰り返し3Sを実行すること

1. 清潔の定義と目的

清潔の定義は、「いつ誰が見ても、誰が使っても不快感を与えないようにきれいに保つ」ことである。清潔な職場とは、決められたことを全員が守り、掃除をこまめに行うことを維持していき、その結果、周りを気持ちよくさわやかにすることである。また清潔は、整理・整頓・清掃を繰り返し行って快適な職場を目指し、維持していく活動である。3Sが徹底できて、はじめて清潔が実現できると言える。

すなわち清潔の目的は、3S（整理・整頓・清掃）を徹底して行いながら、だれでも自然に3Sができるように、標準化することである。清潔な職場を維持するためには、決められたことを守っているかをチェックし、ルールを守りやすくするために環境を整えることが大切である。

また、1人ひとりが職場を自分たちで清潔にしていくように仕向ける必要がある。そのためには、5Sの啓蒙活動を実施すると同時に、職場の雰囲気も変えていく必要がある。これには時間がかかるが、継続することが重要である。

2. 清潔の進め方

清潔の進め方は、次のとおりである。

(1)整理の徹底と標準化

いったん整理をしても、また不要なものが増えてしまうことがある。不要なものが出たら整理基準表や書類廃棄基準表などに従って即座に不要品

票を貼り、不要品置場へ搬出し、判定・処分できるように整理の標準化を図り、整理を徹底する。

(2)整頓の徹底と標準化

いったん整頓しても、ものが増えると定位置化が崩れるケースがある。また躾ができていないと、表示された通りに収納しないケースもある。これは、整頓が崩れる前兆である。整頓の徹底は、表示対象は職場にある必要なものすべてであることを徹底して、100％表示率を維持できるように、整頓の標準化を図ることである。表示されたとおりに収納されていない時は、きちんと収納するように徹底して指導する。また、場所や棚単位に管理者を決めて維持していく方法も有効である。

(3)清掃の徹底とレベルアップ

清掃の徹底は、全員で床や機械設備などをピカピカに磨き上げることから始める。これにより、「きれいになった床、機械設備を汚さないようにしよう」という意識が職場全員に浸透する。そうなると、切粉や油が飛散しないように汚れの発生源対策を実施するとか、清掃の方法や実施サイクルなどのルールを見直すなどの改善が図られ、清掃のレベルアップが実現できる。

(4)PDCAを回しながら3Sを徹底する

整理・整頓・清潔の徹底は、決められた管理ポイントに対して、3S維持＆清潔点検チェックリストによるパトロール、カメラパトロールによる定点撮影などを定期的に実施し、パトロール問題点対策一覧表でPDCAサイクルを回しながら改善を図っていく（**表1、表2**）。

(5) 清潔な職場を維持するポイント

清潔な職場を維持するポイントは、5S意識の浸透・持続・高揚であり、以前の不快な職場へ後戻りしたくないと全員が意思統一できるようにする。図1にその実施ポイントを示す。

清潔な職場を維持するための有効な手段の1つとして、経営幹部による定期的な5Sパトロールがある。社長や担当重役が定期的に現場を見に来てチェックすれば、社員は職場を清潔に保つべきだという意識が高まる。

（山崎　康夫）

表1　3S維持＆清潔 点検チェックリスト

対象職場：製造1課　　　　　　　　　　　　　　　　　　　　　　　　　　　点検実施日：○○年9月10日
対象設備：圧延機　　　　　　　　　　　　　　　　　　　　　　　　　　　　点検者：山崎

分類	点検項目	採点	備考
整理	不必要なものは増えていないか		
整頓	必要なものが増えた時は、定置化が確実に実施されているか		
	取り出したら、元の位置に戻さないケースはあるか		
清掃	清掃チェックリストは、環境の変化に従って更新されているか		
	清掃チェックリストに従って、確実に清掃ができているか		
	汚さない、散らかさない仕組み（汚れの発生源対策）はできているか		
清潔	床はきれいに磨かれて、かつ定期的に補修（塗装など）がされているか		
	機械設備、作業台はきれいに磨かれているか		
	作業着、保護具などは不快感を与えないようにきれいにされているか		

表2　パトロール問題点対策一覧表

対象職場：製造1課　　　　　　　　　　　　　　　　　　　　　　　　　　　点検実施日：○○年9月10日
対象設備：圧延機　　　　　　　　　　　　　　　　　　　　　　　　　　　　点検者：山崎

番号	分類	パトロール問題点	対策期日	担当	備考
1	整理	圧延機の横に不必要なオイル缶が放置されていた			
2	整頓	工具板での工具が増えたが、定置化されていなかった			
3	清掃	圧延油の床への飛散防止対策の余地がある			
4	清潔	圧延機の北側の床面のタイルが剥がれている			
5	清潔	設備のピカピカ作戦がこの半年間、実施されていない			

図1　清潔な職場を維持するポイント

3Sの標準化
- 整理の徹底
- 整頓の徹底
- 清掃の徹底

清潔の徹底
- 床の徹底した磨き
- 機械設備の徹底した磨き
- 清潔な身だしなみの徹底

維持の仕組み
- 3S維持＆清潔点検チェックリストパトロール
- カメラパトロールによる定点撮影
- 経営幹部による定期的な5Sパトロール

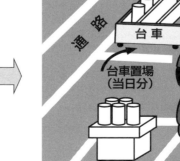

55 ピカピカ作戦

ピカピカ作戦とは、床や機械設備などを全員で磨き上げる活動で、ものへの愛着心が生じる

■ 1. ピカピカ作戦の目的

ピカピカ作戦は、メンバー全員で床や通路、機械や設備を徹底して磨き上げ、清潔な職場を維持する活動である。5Sにおけるピカピカ作戦は、清掃の仕上げ段階の活動と、クリーンな職場を維持する清潔段階の活動の両方に位置づけられる。

そうはいっても、「古い工場だから…」などと言う人がいるが、それは言い訳に過ぎない。目的は、清掃で維持すべきクリーン度を底上げすることである。作戦実施後にピカピカした機械設備を眺めていると、「やって良かった」という達成感が生まれる（**写真1**）。ピカピカ作戦を実施するときには、以下の目的をメンバー全員に説明する。

(1)ものを大事にする愛着心を向上させる

日頃、何気なく使用している会社のものも、真心をこめてピカピカ作戦を実施すると、愛着心が向上し、大切に使用するようになる。

(2)機械設備の不具合、微欠陥の発見と排除

使用前点検で見過ごされた機械設備の不具合も、ピカピカ作戦の実施で、オイル漏れやボルトのゆるみなどの不具合や微欠陥を発見・排除し、設備故障や品質不良を未然に防止できる。

(3)従業員の一体感の醸成

ピカピカ作戦の実施時は、事務所（管理・間接部門）も含めて全員で、生産現場を主対象に行う。なるべく多くの従業員がピカピカ作戦に参加することで、全社・全工場の一体感が生まれてくる。

■ 2. ピカピカ作戦の実施手順

ピカピカ作戦実施の手順を以下に示す。

(1)ステップ1：対象の設定

ピカピカ作戦実施の対象としては、不具合が起きると生産に大きく影響する設備やお客様の目に触れやすい個所など、優先順位を考慮して選定するとよい。実際には、品質問題、チョコ停などの問題を引き起こしている機械設備から選ぶことが多い。年間計画を立てて、順番にピカピカ作戦を実施しているところもある。

(2)ステップ2：清掃点検の準備

単に「きれいにする清掃」をもう一歩深めて、きれいにした機械設備の中から、何らかの不具合点を感知できるような仕組みにしていく。これが「清掃点検」である。その準備として、参加者にどこまで分解清掃（カバーを外すなど）を実施するのか、ボルト・ナット・クランプなどのゆるみはどのようにチェックするのかなどの教育を実施する。また、清掃点検作業における安全作業についても徹底した確認を行う（**写真2**）。

(3)ステップ3：ピカピカ作戦の実施

ピカピカ作戦の実施にあたり、細かな指導ができるリーダーを選定するとよい。リーダーは作業中に巡回をして、進行をチェックするとともに、清掃点検の具体的な実施方法について指導していく。また、ピカピカ作戦の実施は、必ず機械設備の電源を落としてから実施するようにする。

(4)不具合・微欠陥の発見と対策

ピカピカ作戦の実施で不具合や微欠陥が見つかるため、機械設備別に内容を「不具合・微欠陥リスト」にまとめる（**表1**）。その場で対策の打てる不具合・微欠陥は対策を実施する。早期対策が困難なものは、保全部門へ依頼して計画的に復元を行う。

(5)ピカピカ維持活動の実施

ピカピカ維持活動の実施は、機械設備別に清掃・清潔ポイントを明確にし、発生源対策でゴミ、汚れがなくなるように、また、不具合・微欠陥がもっと早く発見できるように、清掃のやり方を中心に仕組みづくりを進める。　　　　（山崎　康夫）

第8章 清潔の進め方

写真1 ピカピカ作戦の実施前・実施後

自動包装機において、のりが出るところは毎日掃除しているが、他の所も徹底的にきれいにした。また、設備に付着していた汚れもすべて取り除いた

写真2 機械設備の清掃点検の見える化(実施前に教育)

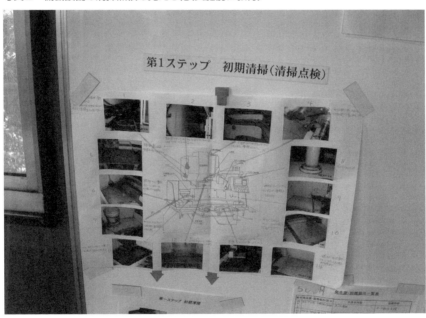

表1 不具合・微欠陥リスト

対象職場：製造1課　　　　　　　　　　　　　　　　　　　　　ピカピカ作戦実施日：○○年9月10日
対象設備：圧延機

設備ユニット	部位	不具合・微欠陥内容	発見者	その場の対応	設備保全対応
オイル供給部	ポンプ	ポンプ配管に亀裂オイル漏れ	山崎	拭き取り	配管交換

115

56 清潔な環境の進め方

全員で床をピカピカにすることで、「心のオアシス」を実現していく

■ 1. 清潔な環境は5Sを維持する

5Sを維持するポイントの1つが、清潔な職場環境を作り出すことである。ピカピカな床や壁、窓ガラスは、職場で働く人々の心が洗われて、ゴミが落ちていたらすぐ拾い、汚れたらすぐぞうきんがけやモップがけをするようになる。

特にその中でもピカピカな床は、歩行中に人の目が自然と床に向けられていることから、最も重要な清潔ポイントである。お客様は工場見学に訪れた時に、通路にものが置かれていないか、床にゴミがなくきれいであるかどうかを無意識の内に判断している。床がピカピカに磨かれている場合は、品質が管理されている工場と思うに違いない。そこで、清潔な環境のつくり方は、まず、床をきれいにすることから始める。

■ 2. 障害物のないピカピカな床・通路

まず、床や通路に障害物が置かれていないかをチェックする。フォークリフト、台車、パレットなど運搬器具や段ボール、仕掛品が無造作に置かれているケースが多い。

次に、床や通路にコンクリートのエグレなどの凹凸やひび割れがないか確認する。特に食品工場の場合は、床がひび割れしていると、アリが這い出すことがあるため注意を要する（**写真1**）。

また、床や通路に油、塗料、切粉、水などが飛散して汚れた状態が放置されていないかをチェックする。すぐに掃除することも大切であるが、汚れの発生源対策も検討したい。

■ 3. 清潔な職場環境を全員参加でつくる

床や通路がピカピカの気持ちの良い状態になると壁、設備機械、棚、机などの床に置かれている

ものの汚れが浮かび上がるので、さらに5Sを進め、職場の環境を清潔にしようという雰囲気になる。また、全員で床をピカピカにきれいにすれば、床を汚さない、維持しようという考えが浸透する。

次に、清潔な環境のつくり方のポイントを示す。
(1)次の手順で、全員で床をピカピカにする

①ゴミ、ホコリの除去

②凹凸、ひび割れ、はがれの補修

③タイヤ跡や塗料などの汚れ落とし

④床をピカピカに磨く

また、コンクリートがむき出している床の製造現場は、美観の向上や清掃しやすいように、床用の塗料を塗ると清潔感が増し効果的である。さらに、その上から通路線を直線で引くようにする（**写真2**）。
(2)設備機械、机、棚をピカピカにする（写真3）
(3)清掃ルールにピカピカ作戦を取り入れる
(4)職場の美化運動を進める

5S委員会として、定期的に以下を実施する。

①週1回、全員での一斉掃除の実施

②週2回、くず入れをゼロにする

③机の上に何も置かずきれいにする

④オアシスコーナーの設置

5Sを進めつつ、不要品の撤去でできた空きスペースにオアシスコーナーを設置し、花や観葉植物などを飾り、職場の美化を進める。今やメンタルヘルスは職場の健康管理対策の最重要課題であり、ピカピカ作戦で「心のオアシス」を実現する。
(5)工場見学を推進する

取引先や親会社の幹部に清潔な職場や工場を見学してもらう機会を増やす。清潔な工場で作られた製品は品質イメージが高まり、清潔なオフィスは会社の信頼感が高まるものである。また、定期的な見学会により社員の士気も高まり、清潔が常に維持されるようになる。

（山崎　康夫）

第8章 清潔の進め方

写真1 床のひび割れ（食品工場の例）

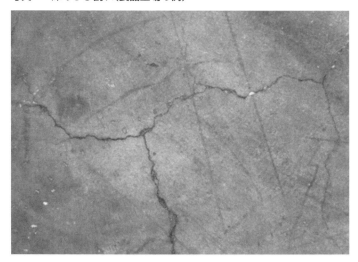

写真2 塗装されたきれいな床

写真3 床をきれいにすると設備もピカピカに

117

第9章 躾の進め方

57 躾の進め方

躾で4Sを5Sに変える
規律ある活性化された職場づくり

1. 躾の定義と考え方

躾（しつけ）は、4S（整理、整頓、清掃、清潔）を維持するための5番目のSで、人の言動や心がけをより良い方向に導き、職場環境や組織秩序を維持していくことを表す。一般的な定義は「職場のルールや規律を守る」であるが、規律以外にも職場風土を活性化して人間関係を良くしていくことも含める場合が多い。モラルとモチベーションの高い職場で働くことは、労働生産性の向上やミス低減などにもつながる。

2. 5S活動を通した躾の実践

5S活動を進めることで、以下のように躾の向上を実践することができる。

(1)5S基準の遵守

整頓では、置場の基準や維持管理のルールが置場ごとに見える状態に改善される。したがって、所定の置場に戻そう、置場のルールを守ろうといった意識が働く。もし決められた通りにきちんとできなければ、ひと目でそれがわかり、誰かが注意することも可能になる。

清掃では、いつ、誰が、どこを、どのように清掃するのかがルール表で示される。もしルールどおりに清掃しなければ、職場の衛生環境を維持することができなくなる。

5Sの維持管理と改善を促すための点検やパトロールも、躾の気づきを与え、意識を向上させるための有効な手段である。

(2)リーダーシップと全員参加

5S活動は推進委員や各推進区リーダーがみんなを動機付けしていかないと進まない。また、全員参加によりチームワークを良くして、自主性を持って取り組まないと進まない。つまり、5S活動を促進していく中で、職場風土も活性化する。

(3)快適で仕事しやすい職場づくり

5Sを進めると、職場の景色が変わり、探すムダが減るなど仕事をしやすい環境になる。その結果、不要なストレスも軽減され、より明るく快適な職場づくりにつながる。

3. 躾を向上するポイント

躾を向上させるために、以下の点を心がける。

(1)管理・監督者が率先してルールを守る

上の者がルールを破ると、下の者もルールを守らない。5S以外にも、安全、服務、勤務などの決められたルールを率先して守り手本を見せる。

(2)黙ってルールを破らない

現状に合わないルールや守りづらいルールであっても、勝手に破ってはいけない。必ずルールの見直しの問題提起を行うようにする。

(3)互いに明るく指摘し合える風土が大切

ルール破りをお互いに見逃さず、明るく指摘する（図1、図2）。

(4)あいさつ、マナー、心配り

快適な人間関係を構築するために、元気あふれるあいさつ、気持ち良い返事など心がける。

（山口　郁睦）

図1 指摘カードの例

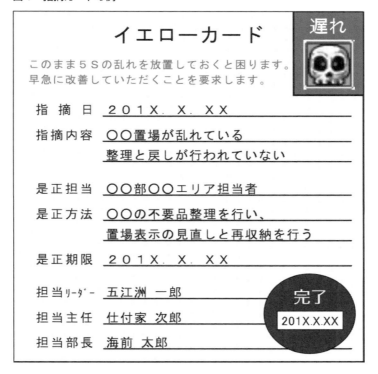

図2 互いに指摘し合える風土

58 管理・監督者による躾

躾は、管理・監督者が率先して職場のルールや規律を守り、部下に示す必要がある

1. 管理・監督者による躾

管理・監督者は、通常、5S推進組織の委員またはリーダーとして、活動全体が円滑に推進できるように支援し、実行する立場にある。

5S活動では、整理基準、整頓基準、清掃ルールなど、各段階で基準やルールを整備していく。躾は、「職場のルールや規律を守る」と定義されており、5Sで整備した基準やルールをきちんと守る意味でも、躾を5S活動当初から実施する必要がある。

管理・監督者は、5S活動を推進するにあたり、躾を十分に意識していくことが重要である。

2. 管理・監督者による躾の進め方

具体的な管理・監督者による躾の進め方は、決められたことを守らない人に対する指導と、部下に期待していることを明示して、やってもらうように指導していくことである。この両者を躾のチェックリストにとりまとめ、定期的に推進区単位でチェックし、良い点を伸ばし、悪い点を改めていくようにする。ここでは、チェックリストのうち、代表的な項目を抽出して説明する（**表1**）。

(1)仕事の基本

仕事の基本に関して、

「チェック・確認を十分に行っているか」

このことが十分でないために支障があるのならば、その人に対して指導する。

(2)勤務規律

勤務規律に関して、

「出勤・休憩時間は守っているか」

これをきちんと守らない人がいれば、守らせるように指導する。

(3)マナー

マナーに関して、

「あいさつは明るく交わしているか」

あいさつが十分でない人がいれば、きちんとするように指導する。

(4)効率化・安全性

効率化・安全性に関して、

「仕事は標準・手順に沿って行っているか」

標準・手順に沿って行っていなければ、標準・手順に沿って行うよう指導する。

(5)職場環境

職場環境に関して、

「机の中や上が片づいているか」

机の周囲が雑であれば、整理、整頓するように指導する。

3. 管理・監督者による躾のポイント

(1)率先垂範

上の者がルールを守らないと、下の者はついて来ない。5Sの基準・ルール以外にも、会社のルールを率先して守り、部下の模範となることが必要である。

(2)その場で指導

従業員に躾を乱す行動があった場合、管理・監督者はその場で指導し、すぐに直させる必要がある。

(3)根気を持って指導

躾を乱す者が、「ルール・規律を守ることが当たり前」と思うようになるまで、管理・監督者は根気強く指導する必要がある。指導の際には、**図1**のように、「3現・3即・3徹」で叱ることに留意する。

（伊東　辰浩）

第9章　躾の進め方

表1　躾のチェックリスト

区分	No.	チェック項目	評価 良い～悪い 10	8	6	4	2	備考
仕事の基本	1	報告・連絡・相談を適切に行っているか						
	2	仕事の計画を立て、計画通りに行っているか						
	3	チェック・確認を十分に行っているか						
	…							
勤務規律	6	出勤・休憩時間は守っているか						
	7	決められた服装を正しく着用しているか						
	8	名札をきちんとつけているか						
	…							
マナー	11	あいさつは明るく交わしているか						
	12	不快感のある言葉使い・態度になっていないか						
	13	電話は客や相手の立場になって対応しているか						
	…							
効率化・安全性	16	仕事をしやすいように道具が配置され、戻せるようになっているか						
	17	仕事は標準・手順に沿って行っているか						
	18	消火器・配電盤・消火栓の周りにものを置いていないか						
	…							
職場環境	21	机の中や上が片づいているか						
	22	ロッカーの中は片づいているか						
	23	くず入れ・灰皿などにゴミがたまったままになっていないか						
	…							

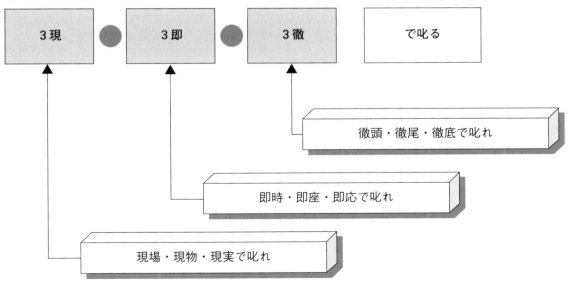

図1　3現・3即・3徹で叱る

59 オアシス運動とあいさつの極意

あいさつは職場の風土改革の第一歩。オアシス運動を職場活性化の源泉に

1. オアシス運動

オアシス運動とは、一般的にあいさつの実践を促す啓蒙活動だと位置付けられており、以下のようにあいさつの頭文字を採ったものがオアシスの由来である。

オ：おはようございます
ア：ありがとうございます
シ：失礼します
ス：すみません

オアシス、つまりあいさつはごく当たり前のことではあるのだが、一方で、この当たり前のあいさつが軽視されている職場も決して少なくない。

オアシス運動は、この当たり前のあいさつを日ごろから自然と言えるように心がけようという活動であり、あいさつの延長により、企業における規律や品格を培うことが目的である。

2. あいさつの極意と躾

オアシス運動が5Sの中の躾に含まれる背景として、躾の定義である「職場のルールや規律を守る」ことを達成するために、まず、あいさつという誰にでもできて当然のことを徹底させるねらいがある。その点から、オアシスに固執せずに独自の頭文字や標語を掲げる企業もあり、以下のような例が存在する。

ア：明るく
イ：いつも
サ：さわやかに
ツ：常に自分から

オアシス運動をはじめ、これらの運動、標語が長らく企業内で奨励される理由として、職場風土の活性化にあいさつが必須であること、また、あいさつの徹底によりコミュニケーションが促進さ

れ、ホウレンソウ（報告・連絡・相談）といったルールや規律を守るための、その他の躾の活動の基礎が築かれるという点が挙げられる。

また、オアシスを導入、徹底させた企業からは「顔つきまで明るくなった」「非常に気持ちがよい」との声が聞かれ、シンプルかつ心に訴えかける前向きな効果が得られている。

3. 運動の進め方

一般的なオアシス運動の進め方としては、以下の3点がある。

①唱和
　・朝礼でのオアシスの唱和など
②掲示板・表示（**図1**）
　・職場内での掲示板による周知
　・通路、階段などへの表示による周知
③率先垂範
　・5Sミーティング時でのオアシスの周知
　・管理・監督者、経営層による率先したあいさつ

製造業では、生産現場と管理・間接部門のどちらかでしかオアシス運動が推進されていない場合が見られ、また①～③のすべてが行われている職場は意外にも少ない。上記は、どれか1つでは十分に浸透させることが難しく、すべてを満たすことで、「明るいあいさつが当たり前となっている」職場を実現できる（**図2**、**図3**）。

また、5Sにおいて、率先垂範と全員参加の重要性はすでに紹介したとおりであるが、あいさつこそ率先垂範と全員参加が最も容易な活動であると言えよう。

（藤田　伸之）

図1　オアシス運動掲示板例

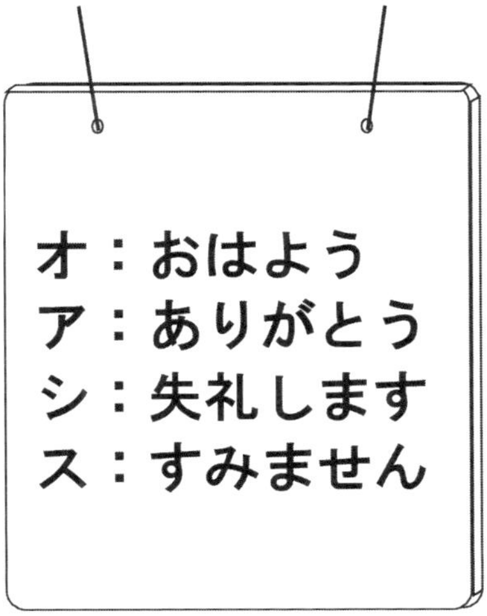

図2　オアシス運動周知表示例

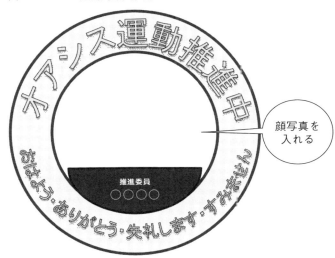

図3　職場内でのあいさつの周知イメージ

60 職場のマナー

適切なマナーは人間関係を円滑にし、職場を活性化する

1. マナーの基本

　マナーは、行儀や作法のことをいう。国や文化の違いにより、何が正しいとされるかは異なる。たとえば、食事のとき椀を持ち上げることは、日本では作法だが、欧米ではマナー違反である。絶対に正しいマナーというものは存在しないが、"他者への思いやり"に基づいて行動するという、大もとにある考え方は普遍的である。

　人が生活する上で、その関係性には多様な場面がある。職場のマナーを考えるにあたって、仕事を中心に人間関係を捉えてみても、コミュニケーションのあり方はさまざまだと言える（**図1**）。

　けれども、どのような関係を前提にしても、"他者への思いやり"を示すことを出発点に信頼関係を築いて、コミュニケーションを良好な状態に維持することの必要性は変わらない。

2. 職場のマナー

　職場のマナーとして望ましいとされる行動様式には、下記のような方向性があるので、参考にされたい。

①みずから進んであいさつをする
②ていねいな言葉使いで、論理的に話す
③計画的に素早く行動する、時間を守る
④通行の妨げになる場所に立ち止まらない
⑤清潔な身なりを心がける
⑥悪口を言わない

　これらを明朗な態度で自然に行えば、相手に堅苦しさを与えることなく、良好な関係を築ける。言葉使いによる表現の違いは、時と場合に応じて使い分けられることが理想だが、きちんとした敬語を用いていれば、失礼にならずに済む。また、メールを送信する際などには、ていねいで簡潔な文面になるよう気をつけ、内容が不明瞭にならない配慮が必要である。

　5Sの"躾"のチェックリストを作成すると、主観的な判断に依らず、マナーのチェックができるので便利である。チェック項目例としては、下記のようなものが挙げられる。

①名札類をきちんと付けているか
②服のボタンは、きちんと留めているか
③作業服、安全帽、安全靴、保護具などは、決められたものをきちんと着用しているか

　服装など、身だしなみに関する規定類は特に、写真を使ってみんなの目につきやすい前室や通路などに貼り出して周知徹底するとよい（**図2**）。

　マナーがよく守られる環境においてこそ、人間関係は円滑になり、5Sも良好に推進できる。何より、正しいマナーでの行動は気持ちの良いものである。快適で活性化された職場づくりのため、常日頃から気をつけて行動したい。

3. マナーの展開と進め方

　マナーに関する展開は、5S教育の際に躾と結び付けて行うと効果的である。しかし、口頭での説明だけだと、ただの掛け声に終わってしまいがちだ。そのため、マナーブックを作成して配布するなど、各自が具体的イメージを持てるような工夫が必要である。

　また、マナー向上月間を設定するなど、定期的な呼びかけを通じ、積極的な施策として職場のマナー向上を奨励していきたい。

（今泉　宏之）

図1　会社の中での人間関係

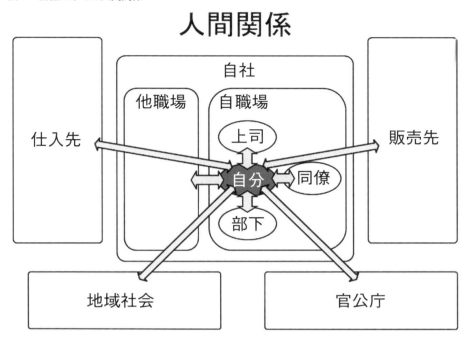

図2　帽子はしっかりかぶり、毛や耳を出さないこと

第10章　5Ｓの維持・定着

61　5Ｓの維持・定着の要諦

5Ｓは改善・改革の基礎であり、利益に直結することを理解して維持・定着化を図る

1．5Ｓを維持・定着化するのは難しい

5Ｓの導入企業において、「5Ｓが徹底しない」「維持・定着化が難しい」「一度きれいにしてもすぐに乱れてしまう」という言葉をよく耳にする。これらは、5Ｓを組織に浸透させ、長期的に維持継続することの難しさを表している。

5Ｓの維持継続が困難な要因としては、以下の項目が挙げられる。

①管理者やベテランが5Ｓルールを守らない
②経営者や工場長が5Ｓに興味を持たない
③全員参加の5Ｓ活動になっていない
④改善・改革は5Ｓからという意思統率がない

5Ｓは、仕事の基本として職場全員が身に付け、習慣化されるべきであるが、実際にはそこまで徹底している企業は少ない。それは5Ｓ活動が一巡したあとのフォローが十分に機能していないからで、しばらくすると元に戻ってしまう。このため、職場全員の意識が変革され定着するようになるまでは、根気よく5Ｓを維持していくべきである。

2．5Ｓを維持・定着化するには

5Ｓを維持・定着するための、いくつかのポイントを以下に列挙する（**図1**）。

(1)組織的な5Ｓ維持

5Ｓを導入して一巡した後は、定着させるため活動を維持していく必要があるが、それを組織的に考えていかないと、自主性だけに任せておいては維持することが難しい。そのためには、5Ｓ委

員会を必ず毎月開催し、5Ｓ点検チェックリストによる自主点検や相互点検の結果を報告したり、幹部や事務局による5Ｓパトロールの結果を発表することで、組織的に定着化を図っていく。

(2)日常業務への組み入れ

5Ｓを維持・定着していくには、日常業務の中に5Ｓの活動時間を組み入れておく必要がある。5Ｓも維持の段階になれば、それほど負荷がかからないで済むので、日常業務の中に組み入れておいて、活動を計画的に進めるようにする。

(3)職場の巡回・点検

職場を巡回し、チェックリストにより点検することを習慣化する。グループによる担当区域の自主点検と、マンネリ化を防ぐ目的でクロスチェックする相互点検を併せて実施するようにする（**図2**）。また、自主点検については、5Ｓリーダー以外のメンバーが順番にチェックする仕組みにすれば、5Ｓ活動の意識が全員に浸透してくる。

(4)5Ｓ会合と5Ｓタイム

5Ｓの職場内会合を短時間で定期的に開き、職場点検した結果報告、上司による点検結果の指摘やアドバイスの伝達と改善策などについて話し合う。その後に全員で短時間清掃などの5Ｓタイムを設けると、5Ｓに関心を持ち続けることになる。

(5)経営層の関与

工場で5Ｓ活動を維持・定着するための重要ポイントとして、本社サイドの経営者や担当重役、また工場長などが定期的に各職場を巡回して、指摘やアドバイスをすることが挙げられる。5Ｓ活

動を実施する全メンバーの活動の動機づけになる。

(6) 5Sコンクールと表彰制度

5Sが定着するまでは、5Sコンクールや表彰制度を定期的に続けるようにする。前述の経営層の関与としても有効であり、活動に対する評価や報いであるから、維持・定着を図るには欠かせない項目である。

(7) お客様の職場見学会

5Sを維持するためには、外部の目を有効に活用するとよい。営業が会社の取引先に職場（製造現場・事務現場）を案内するようになると、停滞は発生しなくなる。新規のお客様を工場に案内して、取引に結び付いた事例は多くある。さらに、お客様だけではなく、一般を対象とした工場見学会を定期開催して活性化を図る会社もある（写真1）。

5Sの最終的なゴールは、いうまでもなく定着化である。大切なことは、5Sはすべての改善・改革の基礎であり、利益に直結するものと全員が共通認識することである。この理解を粘り強く浸透させていくことが肝要である。

5S運動を通じて「当たり前のことを、当たり前に実行する、基本を徹底する、人を育成する」といった効果があることを全員がよく理解して、定着化への道を歩んでいくとよい。（山崎　康夫）

図1　5Sの維持・定着化のポイント

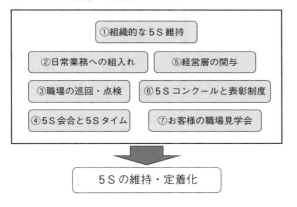

図2　職場の点検スケジュール

写真1　工場見学会の開催

5S/VMを導入した生産現場

62 ５Ｓ点検・パトロールの進め方

問題点をあぶり出す点検と、大局的な視点に立ったパトロールとで５Ｓの定着を図る

1. 高いレベルの５Ｓの維持・定着の仕組み

いつ誰が見ても整然とした職場環境を保つには、日常的な５Ｓ活動が高いレベルで定着し、維持されている必要がある。この維持・定着を促進するのに有効なのが、「５Ｓ点検」および「５Ｓパトロール」である。この点検とパトロールは、目的のために明確に区分された仕組みにするとより有効である。

2. ５Ｓ点検による活動状況確認と問題抽出

５Ｓ点検は、５Ｓ活動に対する実施状況のチェック機能としてだけではなく、活動のレベルを客観的に確認し、なおかつ問題点を抽出するための手段である。このように５Ｓ点検の最大の目的は、５Ｓの問題点をみずからあぶり出すことにある。一定の基準や項目に従っての点検・評価の仕組みは、５Ｓ活動の維持・定着・職場間評価および５Ｓのレベルアップに有効である。

基準や項目については、自社の５Ｓの目的に合わせてチェックリストを設計するとよい。点検項目は、「整理・整頓…と５Ｓのステップ別の分類」「対象物の種類別の分類」に大別され、評価方法は「採点方式」「○・×方式」に大別される（表1）。また基準やチェックリストは、表2、表3のように様式化し、どのような視点で５Ｓの点検評価を行うのかオープンにすることが大切である。

点検の評価が低ければ、改善につなげなければならない。そのため改善が必要な個所の抽出は非常に重要であり、問題点とその改善計画を明確にする仕組みにするべきである。

５Ｓ点検には以下のようなやり方がある。

(1)５Ｓ自主点検

月次を目安に、職場のリーダー格がみずからの職場を点検し、改善が必要な個所を明確にする。一定の基準に従って定期的に点検することによって、改善の推移を確認することも可能になる。

(2)５Ｓ相互点検

四半期に一度の頻度で、上記と同じ基準でリーダー格が他職場の５Ｓの状況を評価する。職場間の比較評価だけでなく、他職場の改善例を確認でき、意見交換を行うこともできるので、５Ｓリーダーにとっては大きな刺激になる。

3. トップの５Ｓパトロール

５Ｓパトロールは、経営層や部門長など組織の責任者による５Ｓ巡回である。その主な目的は、５Ｓに従事する者すべてに対してトップ層の関心を示し、５Ｓの重要性についての強力なメッセージを発信することである。５Ｓパトロールに求められる役割・機能は以下のようなものがある。

①活動の計画性や積極性、メンバーの参画度といった定性的な評価
②組織の責任者としての視点から、安全・衛生・環境などの状態をチェックし、あるべき姿を示す
③管理者層のリーダーシップや職場の雰囲気など、躾面や対外的な印象面をも評価する

５Ｓパトロールという仕組みの有無によって、管理・監督者の関与度、メンバーの積極性や５Ｓの定着度、企業としての規律が大きく変わる。表4は５Ｓパトロール時に責任者がチェックする項目を一覧化したチェックシート例である。

（藤田　伸之）

第10章　5Sの維持・定着

表1　5S点検評価方法および点検対象

			評価方法例	
			採点方式	○・×方式
点検項目対象例		メリット	複数職場間の5Sの状況を数値で比較可能	点検評価者間の採点レベルの個人差が生じにくい
	区分・ステップによる分類		整頓のレベル、清掃のレベルといった区分で評価可能	「整理」「整頓」「清掃」…という5S区分ごとに出来栄えを数値化する	それぞれの5S区分におけるあるべき理想の姿を示し、できているか否かを確認する
	対象物による分類		仕掛品の5S状況といった特定の対象物の評価が可能	「工具」「設備機械」「事務・作業机」といった対象物別に状態を数値化する	対象物ごとに5Sの理想の状態をルールに落とし込み、ルールが守られているか否か確認する

表2　点検項目と○×式チェックリスト設計例

	5S点検チェックリスト		適用：事務職場用
	5S点検チェックリスト		適用：倉庫用

5S点検チェックリスト		適用：生産職場用		
点検者：　　／点検日：		対象エリア：　　課　　係		

項目分類	点検項目	<評価基準>○：全く問題がない△：1、2カ所不備がある×：できていない 評価 ○ △ ×	問題点要因
整理	要るもの要らないものの基準が明確である		
	不要な道工具・計測器・資材が置かれていない		
	不要な設備・機械が置かれていない		
	不要な事務用品、書類がない		
整頓	区画線引き、職場表示がされてい〜		
	種類別・用途別に置く物を区分し〜		
	治具・台車・リフターを戻す場所が〜		
	不適合品は規定どおりに区分されて〜		
	表示率：90％以上＝○、60〜90％〜		
清掃	清掃ルール、頻度、分担が明確であ〜		
	設備・機械・製品にホコリ、油汚れ〜		

・整理、整頓、とそれぞれのステップはどうあるべきかを示し、できているか否かをチェックする
・評価基準は○×を迷わずに判定できるようするとよい
・×の項目を○へと改善していく活動を進めることで5Sレベルが向上する

表3　対象物別の評価基準例

5S評価基準表

主な対象物	区分	評価点	40点	70点
個人机	中	事務用品	事務用品の重複がない	姿彫り等により個別の事務用品が指定席となって置かれ、表示まである
		私物	整理が実施され、原則ひとつの引出しに限定されている	仕切りを設置して、混在しないように置かれており、分類別に位置表示している
		参考書類	必要最小限に整理されている	業務等により、分類して置いている
	下	足元	必要最小限に整理されている	置いてよいものに位置表示がある
共用事務用品		事務用品（繰返し品）	手持ち基準によって個人持ち事務用品と共用事務用品が区別さ〜	書く・貼る・留める・・・というように用途別に類〜
キャビネット		備品	不要な〜示のない〜がない	

・対象物別に評価点の基準を設定
・それぞれの対象物に対して、どのような改善を行えば、どれぐらいの評価になるかの指針を示して改善を促している

表4　トップの5Sパトロールチェックシー〜例

5Sパトロール概要						部門名：●●部
						グループ名：■■■

項目	5段階評価					備考
	5	4	3	2	1	
計画性			レ			実行内容の消し込みによる進捗管理があるとよい
全員参加度		レ				他グループと比較し、役割分担が明確
5Sレベル		レ				区画線の徹底が見られた
管理者の関与			レ			部門の5S方針を掲げるべき
リーダーのリーダーシップ		レ				メンバーへの指示がよくできており、率先している印象
メンバーの積極性	レ					整頓による効果やメリットを良く理解しており、非常に前向き
安全衛生管理	レ					危険区域がひと目でわかる
設備の管理状況			レ			点検日もわかるように表示し、修繕中設備は状態がわかるようにすべき
職場の規律			レ			職場の運用ルール、作業ルールがやや曖昧
職場の雰囲気	レ					風通しが良いグループで、改善課題のディスカッションには好印象
あいさつ		レ				あいさつ推進ポスターは良い点なので、実際のあいさつを徹底すること
総評						

129

63 ５Ｓコンクールの進め方

５Ｓコンクールで各チームの活動成果を発表し合い、競争心をあおり、次につなげる！

■ 1. ５Ｓコンクールの目的・ねらい

　５Ｓコンクールは、年１回、半年に１回、四半期に１回など、定期的に開催し、各活動チームの活動内容と成果を発表し合い、その発表内容の優劣を決め、優秀チームを表彰する会である。その主な目的・ねらいは、以下のとおりである。

①各活動チームが活動成果を発表し合うことで、お互いに発表内容を参考にし、今後の活動に活かす

②ライバルチームに次も（次こそは）負けないなど、今後のさらなる活動の活性化および質的向上を図る

③社長、役員などのトップマネジメントに、日頃の活動の成果を知ってもらう

④５Ｓコンクールで発表するために、各チームとも発表に値する改善をしなければならず、活動のスピードが向上する

⑤活動が「中だるみ」したときに開催すると、５Ｓコンクールが刺激となり活動が活発化し、「中だるみ」が解消する

　活動の質的向上、社内共有、スピードアップ、中だるみの解消など、５Ｓコンクールは、５Ｓ活動には欠かせないイベントである。

■ 2. ５Ｓコンクールの手順

　５Ｓコンクールを行う手順は、以下のとおりである。

手順1. 開催目的を決める
手順2. 発表項目を決める
手順3. 評価方法を決める
手順4. 表彰の内容を決める
手順5. プログラムを決める
手順6. 開催通知を行う

手順7. ５Ｓコンクールを開催する

　手順１は、各チームの整頓の優秀事例を共有する、今年１年間の活動成果・今後の課題を明らかにして次の１年間の道標とする、など会の目的を決める。

　手順２は、各チームの活動目的・目標と達成状況、個別改善事例（図１）、全体的な活動成果、反省点と今後の課題など、発表項目を決める。

　手順３は、事前の５Ｓ点検、当日の発表内容・発表の様子、５Ｓ活動の取り組み姿勢など評価方法を決める。

　手順４は、評価結果から、金賞、銀賞、銅賞、敢闘賞、アイデア賞などの賞を設定する。また、各賞に合わせた金一封や記念品などの賞品を用意すると、さらなる５Ｓコンクールの効果が期待できる。

　手順５は、当日のプログラムを決める。司会者、各チームの発表順番と発表者、表彰、役員講評、社長総評など、各担当者や時間帯を決めていく（表1）。

　手順６は、手順１〜５を決めた上で、いつ社員へ通知するかを決めて、当該時期になったら、実際に開催を通知する。各チームが当日までに十分準備できるように、開催通知時期を設定する必要がある。

　手順７は、手順６の通知どおりに５Ｓコンクールを実施する。当日までの十分な改善、発表のリハーサル、当日においては、プログラムどおりの実施、時間厳守が成功のカギとなる。

（伊東　辰浩）

第10章　5Sの維持・定着

図1　個別改善事例（刃具用キャビネットの例）

改善個所①刃具用キャビネット

【改善前】

【改善後】

＜悪かった点＞
刃具用キャビネットの中のものが乱雑に置かれていたため、必要なものを探す時間がかかっていた

＜定性的な成果＞
もののある・ないが、見た目ですぐにわかるようになった

＜定量的な成果＞
探す時間の低減
30秒×3回/日×3人×20日×12月＝18時間/年（54,000円/年の効果）

表1　5Sコンクールプログラム

５Ｓコンクール　プログラム

司会：５Ｓ事務局

1. 日にち　　　平成〇〇年〇〇月〇〇日
2. 時間帯　　　１４：３０～１７：００
3. 会　場　　　食堂
4. 参加者　　　全員
5. 発表内容
   （１）活動目標と達成状況
   （２）個別改善事例（各部署３～４箇所）
   （３）全体的な活動成果（定量的成果、定性的成果）
   （４）現状の反省点と課題
   （５）今後に向けての決意表明
6. プログラム
   ① 開会の挨拶　〇〇事務局長　　　　　　　　　　１４：３０～１４：３１
   ② 発表会の説明および活動全体の成果と課題　５Ｓ事務局
   　　　　　　　　　　　　　　　　　　　　　　　１４：３１～１４：３５
   ③ 各チームの発表（1チーム各5分）

チーム	発表者	時　間
〇〇〇	ＡＡＡ	１４：３５～１４：４０
△△△	ＢＢＢ	１４：４０～１４：４５
◇◇◇	ＣＣＣ	１４：４５～１４：５０
…	…	…
…	…	…
□□□	ＺＺＺ	１５：５５～１６：００

   　　　　　　― 休　憩 ―　　　　　　　　　　　１６：００～１６：１５
   ④ 表彰　　　　　　　　　　　　　　　　　　　　１６：１５～１６：２０
   ⑤ 講評　　　　一般社団法人　中部産業連盟　　　１６：２０～１６：４３
   ⑥ 講評　　　　〇〇副委員長　　　　　　　　　　１６：４３～１６：４８
   ⑦ 総評　　　　〇〇委員長　　　　　　　　　　　１６：４８～１６：５８
   ⑧ 閉会の挨拶　〇〇副委員長　　　　　　　　　　１６：５８～１７：００

以上

64 5Sレベルアップの進め方

5Sレベルアップは推進・実施状況、活性度および成果の観点から評価し、対策を施す

1. 現状の5Sレベルの評価

5Sのステップは、導入期、定着期、発展期に区分されるが、維持・定着のためには、さらに良くしようといったレベルアップ推進力が定着期から重要となる。5Sレベルアップは、現状の5Sレベルを次の視点で評価することから始まる。

①推進体制、基準、手順の整備状況評価
②整理、整頓、清掃、清潔、躾の到達度評価
③全員参加度、活動の活性度の評価
④活動の成果（定性、定量）の評価
⑤5Sレベルアップ目標の設定

この中で、②の5S（整理、整頓、清掃、清潔、躾）の到達度評価は、5S点検・パトロールの進め方に従って評価する（→「62」）。

5Sレベルアップのためには、推進体制、基準・手順の整備状況、全員参加度、活性度および活動の成果を、**表1**のチェックリストで評価することによって、総合的に強いところ、弱いところと問題点を明確にして、対策を立案し、実施する。これらを繰り返すことによって、確実なレベルアップを実現する。なお、対策を立てる際には、本書の章、項目を参照することによって効果的なレベルアップができる。

2. 5Sレベルアップのポイント

5Sレベルアップのポイントを、整理、整頓、清掃・清潔について以下に示す。

(1)5Sレベルアップの第一歩、整理の徹底

導入期の整理では、とりあえず残しておこうといったものと書類が保管・保存されている。次に示す整理の到達点を目指して、徹底的に整理を実施することから、レベルアップは始まる。

①すっきり広々した職場の実現

②工具・刃具・検具、事務用品の分散から集約・共有化
③部品棚、書棚の本数、収納スペースの削減
④成果として見通しの良い職場、消耗工具費、事務用品費などの経費節減効果の実現

(2)5Sの神髄！整頓のレベルアップ

整頓は、すべてのものについて最適な場所を決め、最適な置き方を追求し、標準化のために表示することである。すなわち整頓は、ものの見える化を実現し、すべてのものの置き場表示を実施することによって、やり抜く力を育むことから、整頓は5Sの神髄と言える。整頓レベルアップのポイントは、以下のとおりである。

①使用頻度に応じた持ち方（個人、共用）とする
②最適な場所と最適な置き方を追求する
③整頓基準を整備し、見栄えの良い表示にする
④表示のないものは不要物を合い言葉に、徹底的に表示もしくは整理する
⑤見えないところも整頓を徹底する
⑥消耗品は発注点管理を適用する

(3)清掃・清潔のレベルアップは汚染源対策

清掃・清潔のレベルアップは、清掃時間の短縮、飛散量の低減、材料歩留り向上、溶液ロスの低減などを目的に、汚染源対策を関係者全員で実施する。また、管理間接部門も参加して、汚れが激しい現場を選んで実施する応援（コラボ）清掃も、レベルアップとコミュニケーション向上の秘訣である（→「17」「53」）。

3. 5Sの定着化

崩れない5Sを実現するためには、維持を目的とすると後退しがちとなるため、常にレベルアップを目指した活動にしていく必要がある。

（小坂　信之）

第10章　5Sの維持・定着

表1　5Sレベルアップのための体制・基準・手順、活性度、考課チェックリスト

評価対象：□全体　□事業所(名称：　　　　　)　　評価日：　　年　　月　　日　　評価者：

分類	No.	評価項目	評価					備考
			大変良い	良い	普通	悪い	大変悪い	
			10	8	6	4	2	
定義	1	5Sの定義は設定され、主要な場所で見えるか						
	2	5Sの定義は理解され、整頓は整列、陳列と誤解されていないか						
組織、推進区分と活性度	3	5S委員会は設置され、委員長、委員、リーダー、事務局の役割は明確か						
	4	委員長は経営者層から選任されているか						
	5	委員は管理者から選任されているか						
	6	リーダーは管理者もしくは監督者から選任されているか						
	7	委員長、委員、リーダーの任期は決められているか						
	8	委員会は定期的に開催日が決まっていて、そのとおり実施されているか						
	9	5S組織図は全メンバーの名前と顔が記され、5S活動板などで見えるか						
	10	推進区分は分担不特定、飛び地がなく作成され、5S活動板などで見えるか						
計画とPR	11	5S月次計画・実施表は作成され、推進区の活動板で進捗が見えるか						
	12	5Sキックオフ大会、コンクールは節目毎に計画され、実施されているか						
	13	5S標語・ポスターは定期的に募集・審査・表彰・掲示されているか						
	14	5SニュースはPR、啓蒙のため定期的に作成され、発行されているか						
	15	5S月間目標は設定され、5S活動板などで見えるか						
規定・基準	16	5Sの活動規約である5S委員会規定、マニュアルが制定・更新されているか						
	17	整理基準(不要品基準、手持ち基準)が設定され、そのとおり実施されているか						
	18	整頓基準(表示標準、ロケーション基準、荷姿・容器・入数標準など)が設定されているか						
	19	整頓が整頓基準どおり、徹底して実施されているか						
	20	清掃ルールが決められており、そのとおり実施されているか						
	21	心得、マナーを含む行動指針が決められ、そのとおり実行されているか						
	22	整理、整頓、清掃の基準類は必要時に見え、変化に応じて更新されているか						
道具	23	整理道具(不要品リスト、不要品展示かんばん)は準備されているか						
	24	整頓道具(区画線引テープ、ペンキ、ラベルライターなど)は準備されているか						
	25	清掃道具は必要数、使える状態で準備されているか						
考課	26	5S教育(新任者含む)・研修の計画が作成され、管理されているか						
	27	人事考課で5S推進能力を評価し、処遇に反映しているか						
	28	業績評価の際、事業所、部門の5Sレベルを評価しているか						
	No.	対策(評価の悪い項目に対する)	担当		期日		確認	備考

133

第11章 目的別5S活動のポイント

65 安全最優先の5S

職場の安全を高める5Sの進め方

1. 異常・正常がわかる5S

「5Sと安全」(→「5」)にて、5Sと安全が密接であることを述べたが、本項では、具体的に、職場の安全を高めるために5Sで行うべきポイントを解説する。

(1)作業域、通路、保管域の確保と表示

作業する場所、通行する場所、保管する場所が明確に確保、表示されていると作業者とものの接触および通行時の衝突を未然に防ぐことができる。

(2)ものの置き方は直角・平行

仕掛品や製品、材料などの置き場は、できるだけ直角、平行に置く。直角、平行に置くことで、置いたもののズレや曲がりがわかり、異常に気づけるようになる。また、直角、平行に置くことではみ出しをなくし、通行時のつまずき、転倒を防ぐこともできる。

(3)高さ制限表示

製品、材料などの保管場所では、荷崩れによる転倒や落下事故を防ぐための高さ制限表示を行うことで、制限線表示以上にものが置かれた場合に異常に気づけるようになる(**写真1**)。

(4)落下防止対策

治工具棚や備品棚での取り出しや地震時のものの落下防止のために、棚上にものを置くことを原則禁止とし、棚板に落下防止の柵を設置することで落下防止を図る。

2. 不安全行動をさせない5S

作業者の安全意識に働きかけ、絶対にしてはいけないことを示す注意喚起表示と、安全意識を高める例を解説する。

(1)注意喚起表示と安全用具の整頓

はさまれ危険個所、高温な機械やものの接触によるやけど危険個所、階段の昇降時の転倒危険個所には、作業者に普段以上に注意を促す注意喚起表示が必要である。また、防護服や保護メガネを使用して作業する必要がある場合、該当作業場所の近くに保護具を整頓することで、作業者が忘れて作業することを未然に防ぐようにする。さらに、危険作業時の防護服の着用状況をわかりやすく示すことで、着用しないで作業する危険行為を未然に防ぐようにする(**写真2**)。

(2)指差呼称の徹底

ヒューマンエラーによる事故防止には、目、口、腕、指、全身で指差呼称をすることが有効である。そこで、躾の一環として、指差呼称をするべき場所、確認すべき計器類の目盛や治工具の置き方について、「左、右、前方確認ヨシ」や「○○作動確認ヨシ」などの指差呼称すべき内容を表示し、徹底させる。**図1**は、指差呼称の目的を従業員に理解させ、徹底を図るために、実施方法をわかりやすく明示して、啓蒙している例である。そのため、従業員が工場内の道路を横断する時に必ず立ち止まり、左右と前の確認を行う指差呼称が定着している。

(丸田 大祐)

第11章 目的別5S活動のポイント

写真1 高さ制限表示例

写真2 防護服の注意喚起表示例

図1 指差呼称例

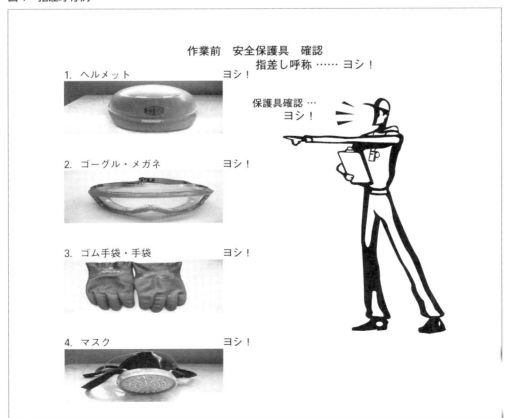

66 在庫削減を実現する5S

在庫削減を進めるには、デッド・スリーピングストックを処分し、過剰在庫を識別する

1. 在庫削減における5Sの役割

在庫削減を進めていくにあたっては、その目的、方針、目標などを明確化し、全社的な推進体制を確立した上で、在庫削減のための改善活動に取組むことになる。

在庫削減を進めるにあたり、恒久的な在庫削減方策を立案、実施する前に、ともかく、ある一定の量まで急速に減らすことが必要である。それには、5S活動（整理・整頓）が重要な役割を担ってくる。

2. 在庫削減を図るための手順・方法

在庫を削減するための手順体系を**図1**に示す。

(1)現物棚卸の実施

在庫削減を急速に図るにあたって、最初に現物棚卸しを行って、材料、部品、仕掛品、製品の品目別在庫数を明確に把握する。帳簿で在庫を把握している場合においても必ず実施する。

(2)在庫品の区分の実施

次に、在庫をランニングストック、スリーピングストック、デッドストックの3つに区分して、棚卸在庫の各品目について、1つひとつチェックして当てはめていく。

①ランニングストック：現在、繰り返して出荷・使用されている材料・部品在庫、製品在庫

②スリーピングストック：長期にわたりときどき使用される在庫、デッドストック在庫のうち他に流用できるもの

③デッドストック：陳腐化製品の材料・部品在庫、設計変更前の旧材料・部品在庫、手直し不可能な不良在庫、品質劣化在庫など

(3)在庫のABC分析の実施

次に、棚卸在庫金額についてABC分析を実施す

ることで、全体の在庫金額の中で、どの品目が大きな比率を占めているかということがわかり、優先的に削減すべき品目を把握することができる。

(4)置き場の区分・明確化

スリーピングストックとデッドストックについては、ひと目で所在がわかるようにするために、倉庫内にスリーピングストック置き場とデッドストック置場を設け、ランニングストック置き場と明確に区分する。これを5S活動で実施する。

(5)デッドストック、スリーピングストックの処分・削減計画の作成と現品票の添付

デッドストックとスリーピングストックについては、スリーピングストック伝票（例：黄色）とデッドストック伝票（例：赤色）を作成して現品に添付する（**表1**）。

それと同時に、処分・削減計画を作成する（**表2**）。デッドストックの大部分は廃棄処分をするものであり、決算上の利益が減少することになる。したがって、処分数量と時期については、経営層や経理部門と相談しながら実施する。

(6)ランニングストックの在庫削減計画の作成と現品票の添付

ランニングストックの在庫削減を図るためには、目標在庫を設定し、現在の在庫がこの目標在庫になるまで、生産と調達をストップすることが必要である。そのためには、在庫削減計画を生産計画担当者別と仕入担当者別に作成し、品目別に目標保有日数、目標在庫、削減目標、達成時期について設定、計画することが必要である。

また、過剰在庫については、過剰在庫伝票（例：青色）を添付して、誰の目にもひと目でわかるようにするとよい。　　　　　　　　　（山崎　康夫）

参考文献：『在庫削減の効果的な進め方』五十嵐 瞭著　日刊工業新聞社

第11章 目的別5S活動のポイント

図1 在庫削減の手順

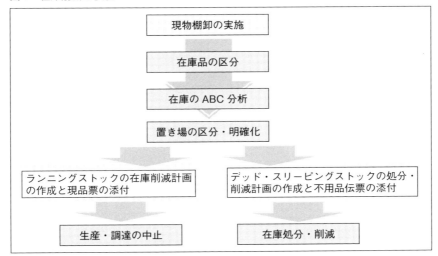

表1 デッドストック(不用品)伝票

デッドストック（不用品）伝票 添付日：20XX 年 XX 月 XX 日				
品名		品番		
数量		コード		
単価		場所		
発生理由	1. 販売計画の見込み違い・ミス 2. 生産計画の見込み違い・ミス 3. 顧客要求による設計変更 4. 自社設計ミスによる設計変更 5. 陳腐化 6. 保管期間の長期化 7. 発注ミス 8. 不十分な研修・検査 9. その他（　　　　　　　　）			
処分方法	1. 売却　　2. 廃棄 3. その他（　　　　　　　　）			

表2 デッドストック・スリーピングストック処分・削減計画

在庫区分	品名	品番	単位	数量	金額	処分・削減方法	時期	担当
D	シャフトA	S10305	本数	5,000	……		6月末	山崎
D	ロッドB	R00307	本数	3,500	……		6月末	山崎
S	連結ギア	G26572	箱数	100	……		8月末	山田

在庫区分　　D：デッドストック　　S：スリーピングストック

67 リードタイム短縮を実現する5S

5Sでものと書類の停滞を浮き彫りにし、VMでリードタイム短縮を実現する

1. リードタイム短縮の重要性と5S

リードタイムは、企業の製品・サービスを提供するためにかかる期間である。リードタイムが短ければ短いほど、迅速な製品・サービスの提供が可能となり、受注競争力、変化対応力が高くなる。一般的にリードタイムとコストは比例関係にあり、リードタイムを短縮するとトータルコストダウンが実現でき、キャッシュフローも改善される。すなわち、リードタイムは企業体質の総合的バロメーターであり、リードタイム短縮を実現することは、総合的な改善を進め、企業体質を革新し、強化する重要な取組みである。

リードタイムを効果的に短縮するためには、5S活動でものと書類の停滞を浮き彫りにすることから始まる。

2. リードタイムの種類と 5S・VMのチェックポイント

モノづくり企業におけるリードタイムの種類と5S・VM(Visual Management：目で見る管理)チェックポイントとの関係を**表1**に示す。

リードタイムの種類は、受注、開発・設計、生産準備、調達、製造の5種類から構成されている。リードタイムごとの主要プロセスと5S・VMのチェックポイントを見ていくと、開発・設計、生産準備、調達のプロセスは、アウトプットである書類、図面が重要なチェックポイントとなる。

すなわち、事務現場にある仕掛書類(作り込みと処理を進める必要のある仕様書、図面、伝票など)のペーパーリードタイムを短くするためには、仕掛書類の整頓により処理待ち、対応待ちなどの停滞状況を見えるようにして異常・問題点を浮き彫りにし、処置・対策を実施することが必要だ。

製造リードタイムについては、生産現場の仕掛品の整頓により、工程別に加工待ちの仕掛品がどのくらいあるか、いつから停滞しているか、いつ仕掛ける予定であるかが目で見てわかるように、置き場表示、状態表示などの整頓を徹底。これにより、製造リードタイムの大半を構成している停滞状況を見えるようにし、ペーパーリードタイム同様、異常・問題点を浮き彫りにして、対策を実施していくアプローチが効果的である。

3. 標準リードタイム自体を 短縮するシステム改善

仕掛書類および仕掛品の整頓を進め、異常停滞を浮き彫りにしてその原因に対する対策を実施することにより、ほぼ計画どおりのリードタイムが実現できたら、次のステップは、標準リードタイム(手番)自体を短くするためのシステムの改善に着手しよう。

開発・設計リードタイム、生産準備リードタイム、調達リードタイムを短縮するには、まずはVMにより改善目標を設定し、詳細プロセスを見えるようにすることだ。そして、プロセスごとの期間、時間、インプット、アウトプットについて、改善着眼点である除結交単で改善案を立案・実施することにより、総合的な改善とリードタイム短縮を実現する。

製造リードタイムを短縮するためには、VM-FMS(→「74」)の体系にしたがって、基本的要件である小ロット生産、多能工化、生販一体化を推進する。

管理システムの生産日程計画システムでは、厳しい標準時間および基準日程を採用して小ロット工程間同期化日程計画を作成し、進度管理を実施しよう。そして、進度管理から発見された問題点

第11章　目的別5S活動のポイント

について改善を推進する。また、物的システムでは、小ロット生産を実現するための段取り作業方法の改善、1個流しや多工程持ちを可能とするレイアウト、作業方法の改善を実施することにより、恒久的なリードタイム短縮を実現していく。

（小坂　信之）

表1　モノづくり企業のリードタイムと5S・VMチェックポイント

種類名 ＼ 手番	15	14	13	12	11	10	9	8	7	6	5	4	3	2	1	0
開発・設計リードタイム	着手○	企画	構想	詳細	出図▽											
生産準備リードタイム							着手○	検討 工程設計 設備等 試作			量産▽					
調達リードタイム							着手○	計画 発注 納入			在庫▽					
製造リードタイム												量産○	加工 組立 検査			完成▽

受注リードタイム（○受注 … 出荷▽）

区分		チェックポイント	開発・設計LT	生産準備LT	調達LT	製造LT
5S・VMチェック対象	仕掛書類	書類（仕様書、指示書）	○ ○ ○	○ ○ ○	○ ○ ○	○
		図面	○ ○ ○			
		伝票			○ ○ ○	
	現品管理	所在（置き場）			○	− ○ ○ ○ ○
		履歴（状態）			○	− ○ ○ ○ ○
		使用日			○	− ○ ○ ○ ○
		在庫量			○	− ○ ○ ○ ○
		不要在庫（SS、DS）	設計起因の不要品、不良品の原因、処置、対策（外注起因も同様）		○	− ○ ○ ○ ○
		不良品			○	− ○ ○ ○ ○
	工程・納期管理	日程計画	○	○	○	○
		負荷計画	○	○		
		手順計画		○		
		受注・納期		○		
		生販在計画			○	
		生産計画			○	
		進度状況	○	○	○	○
		発注・取入計画			○	
		納入状況			○	
	作業管理	設計変更	○			○
		標準作業				○
		人員配置	○	○	○	○
		多能化	○	○	○	○
	改善目標管理	日程計画達成状況	○	○	○	○
		リードタイム短縮状況	○	○	○	○
		在庫削減状況			○	○ ○ ○ ○
		小ロット分割取入状況			○	
		小ロット生産実施状況				○ ○ ○ ○
		段取時間短縮状況				○ ○ ○ ○
		不良低減状況			○	○

68 設備保全のための5Sの進め方

"清掃は点検なり"設備保全の第一歩は初期清掃。 5Sで予防保全を進め、生産性と品質を向上

1. 設備清掃の重要性

製品の加工や組立を行うために、工場では設備の機能と能力に依存している場合がほとんどである。このため、設備が安定的に動き、所定の生産性と品質を維持していくことが不可欠である。

設備の突発故障や機能低下は、設備構成部の摩耗、劣化、破損などにより生じるが、これらの予兆や不具合個所をいかに早期発見し、的確・迅速な処置を講じていくかが重要である。そのために設備の日常点検や定期点検を行うわけであるが、決められた項目のチェックだけでは不具合個所発見の漏れもある。

そこで日常清掃を通して、対象設備を使用している職場の担当者がみずから設備を清掃しながら不具合個所を見つけていく「清掃は点検なり」を実践していくことが大切である。

2. 設備清掃のポイント

設備保全(Preventive Maintenance)強化につながる日常清掃のポイントは、以下のとおり。

①時間が空いた時に一気に行うのではなく、日常清掃ルールの中で計画的に行うようにする。日々の清掃時間は限られているので、清掃対象の設備とその部位が定期的に清掃されるように実施頻度をルール化する。頻度が高いほど不具合個所の早期発見につながる。頻度としては、月・週間隔、毎日、一定の時間間隔、都度(段取りごとなど)などがある。また、設備が動いている状態で行うのか、停止している状態で行うのか、設備部品は装着したまま行うのか、外して行うのかといったことも決めておく

②汚染や劣化の進行度合い、故障頻度、設備の重要性を考慮した上で、清掃頻度、清掃時間、清掃方法をルール化する。清掃の要点を明確にすることで、効率的かつ効果的に設備清掃を進めることができる。清掃の出来栄えのバラツキが大きい場合は、どのレベルまで行うのかを目合せしておくことが必要である

③設備に直接触れながら清掃することで、設備のメカニズムや特性を理解させることにつながる。さらに普段の状態との違い(異常な発熱、振動、音、油・エア漏れなど)を感じとる能力や、設備を大切に取り扱う意識も養うことができる。このように、設備の日常清掃は人材教育に通じることを理解することが大切である

④設備の不具合個所を発見したら、不具合個所の識別と報告を迅速に行うとともに継続運転の可否を判断し、適切な処置を施していかなければならない。もし重度の故障が発生してしまった場合は、再発防止対策、予兆の早期発見方法、故障後の早期復旧対策も検討していくことが求められる

3. 設備清掃の進め方

日常清掃を通した設備清掃の進め方は以下のとおり。

①前述の設備清掃のポイントを踏まえて、清掃ルール表を作成する(表1)

②清掃ルール表を職場に掲示し、清掃の実施結果と設備異常の有無を記入する

③ルールどおりにできていない場合の指導、ルールに不備があった場合のルール表見直しを必要時に都度行う

(山口　郁睦)

表1　設備日常清掃ルール表

区分	No.	清掃対象個所	清掃方法	運転	停止	月	週	日	都度	担当者	1月	2火	3水	4木	5金	6土	7日	8月	9火	10水	11木	12金	13土	14日	15月	16火	17水	18木	19金	20土	21日	22月	23火	24水	25木	26金	27土	28日	29月	30火	31水
1号機	1	装置パネル	乾ウエス拭き		●		●							●								○					○			○						○						
	2	装置周辺床	ホウキ掃き					●			●	●	●	●	●			●	●	○	○	○			○	○	○	○	○			○	○	○	○	○			○	○	○
	3	配管系統	乾ウエス拭き	●			●									●							○							○								○					
	4	モーター	乾ウエス拭き	●				●			●	●	●	●	●			●	●	○	○	○			○	○	○	○	○			○	○	○	○	○			○	○	○
	5	搬送コンベア	乾ウエス拭き	●				●			●	●	●	●	●			●	●	○	○	○			○	○	○	○	○			○	○	○	○	○			○	○	○
	6	制御盤	乾ウエス拭き		●		●						●							○						○				○					○					○			○
	7	計器	乾ウエス拭き	●			●			●			●						○							○								○								○		
	8	加工ユニット	溶剤ウエス拭き		●				切替毎			●															○												
	9	油圧ユニット	乾ウエス拭き		●	●						●																																
	10	駆動ユニット	乾ウエス拭き		●	●							●																															
2号機	1	装置パネル	乾ウエス拭き		●		●				●	●				●				○						○				○					○					○			○
	2	装置周辺床	ホウキ掃き					●			●	●	●	●	●			●	●	○	○	○			○	○	○	○	○			○	○	○	○	○			○	○	○
	3	配管系統	乾ウエス拭き	●			●				●									○							○				○						○					○	
	4	モーター	乾ウエス拭き	●				●			●	●	●	●	●			●	●	○	○	○			○	○	○	○	○			○	○	○	○	○			○	○	○
	5	搬送コンベア	乾ウエス拭き	●				●			●	●	●	●	●			●	●	○	○	○			○	○	○	○	○			○	○	○	○	○			○	○	○
	6	制御盤	乾ウエス拭き		●		●						●							○						○				○					○					○			○
	7	計器	乾ウエス拭き	●			●			●			●						○							○								○								○		
	8	加工ユニット	溶剤ウエス拭き		●				切替毎			●														○														
	9	油圧ユニット	乾ウエス拭き		●	●						●																																
	10	駆動ユニット	乾ウエス拭き		●	●							●																															

対象個所の図解

備考
＊終了後は○を塗りつぶし●にすること
＊当日にできない場合は、前後日に行うこと
＊日常清掃の基本時間は、17:20-17:30とする
　（停止状態の週・日の清掃が対象）運転時の清掃は立上げ時とする

69 業務改善を実現する5Sの進め方

潜在化する業務のムダを5Sで排除することで、業務を改善

1. 5Sで業務のムダを削減し、業務を改善する

業務とは「日常継続して行われる職業上の仕事（主として事務所で行う仕事）のこと」であり、業務改善は「業務を効率化するための手段を検討し、業務のムダを洗い出し、そのムダを排除するために、現状での業務の進め方、情報や仕事の流し方などを工夫すること」と定義することができる。

業務効率化の手段には、「業務棚卸（業務量調査）や業務マニュアル作成を中心とした標準化活動」や「ITツールを活用した可視化（見える化）活動」などがあるが、業務のムダを短期間で費用をかけずに排除し、成果を上げる手段としては、「5S（事務の5S）」が最も有効である。なぜなら、書類や仕事が属人化され、仕事の内容や実施状況、遅れ・進み、問題点などが職場を巡回しても見えない（＝5Sができていない）状態では、いくら業務を改善しても、すぐに業務のムダが再発し、見えないところに隠れてしまうからである。

2. 業務改善を実現する5Sの進め方

業務改善のための5S活動は組織的な活動であり、まずは組織のトップによる、「5Sで業務改善を実現する」という強い意思表示が必要である。そして、以下の点に留意して活動を推進することが必要である。

(1)業務のムダを認識する

本来なら、コストダウンや生産性向上などの成果を上げるためには生産現場のみならず、すべての部門においてムダの排除を実施しなければならない。しかし、多くの場合、事務所はさまざまなムダの温床になっている。ムダを分類すると、もの、場所、時間、品質、コストに属するものが多

いが、まずはこれらのムダを認識する必要がある（**表1**）。

(2)阻害要因をクリアにする

業務改善のための5S活動をやりたくない人、抵抗する人は、管理職、一般社員を問わず、非常に多い。活動成功のためには、この人たちに5Sに協力してもらうよう説得し、5Sの重要性を理解させなければならない（**表2、図1**）。

また、突発業務が多い中でいかに改善の時間を確保するか、複雑化した組織や重たい情報処理システムなど業務上の縛りをどう解消するかなどについても検討の上、要因解決の対策を取らなければならない。

(3)事務の5Sを継続的に推進する

(1)と(2)に留意しながら、ワンベスト原則（ワンロケーション、ワンストック、ワンアクション、ワンファイル、ワンシステムなど）に基づき、事務の5S活動を、本書で紹介しているやり方で実施する。そして、事務用品のワンベスト姿絵置き、仕掛書類ボックス、事務用品の発注点管理で使用する発注点カードや補充点カードなど、身近で誰でも使う道具立てを、ルールを守って継続的に運用し、業務のムダを排除し、業務の標準化を図っていく。

(4)OVMSの構築へ

5Sがある程度進んだら、ビジュアルなファイリングシステムの構築、VMボードによる日常業務管理と方針目標管理、オフィスレイアウト改善などにも取り組み、OVMS（見えるオフィスマネジメントシステム）構築活動へと発展させていく（→「75」）。

（寒河江　克昌）

第11章 目的別5S活動のポイント

表1 事務職場のムダ（カッコ内はムダの種類）

- 書類やデータのムダ（もののムダ）
- 事務用品や什器・備品などのありすぎのムダ（もの、コストのムダ）
- 複数回コピーするムダ、コピーそのもののムダ（時間、もののムダ）
- たくさんの書類を作るムダ、手直しのムダ、修正のムダ（時間のムダ）
- 書類や図面などを探すムダ（時間のムダ）
- 必ずしも必要でないメールを読み書きするムダ（時間のムダ）
- 連絡ミス・確認不足によるムダ（時間のムダ）
- 会議のムダ、複数部署への報告のムダ（時間のムダ）
- コミュニケーション不足によるミスのムダ（時間のムダ、品質のムダ）
- WEB閲覧や離席などによる過度な私用のムダ（時間のムダ）
- 技能伝承やスキルがないための個人のミスのムダ（時間のムダ、品質のムダ）
- 不要なものを置くスペースのムダ（場所のムダ）
- 置き場所が決まっていないための毎回置き方が違うムダ（場所、時間のムダ）
  など

表2 5Sによる業務改善に抵抗する人のタイプ

- 5Sの重要性を理解しようとしない人
- 職場の問題点に気づかない人
- 理屈ばかりで行動しない人
- 他部署任せ・部下任せで、自分ではやりたくない人
- コンピュータ任せの人
- 仕事ができる人は机周りが乱雑だと勘違いしている人
- 職場は汚いほうが安心する人
- 権限を委譲したくない人
- 他の人に自分の仕事を取られたくない人
- 1人で考え、悩むのが好きな人
- 時間や費用のムダを意識しないで仕事をしている人
- やる前からできない理由を考える人
- 変化を好まない人
  など

図1 「5Sでムダが見えてくる」ポスター

70 海外拠点の5S展開ポイント

既存工場では整頓を、新設工場では躾を重点において活動

1. 5Sの導入ステップ

　海外拠点の既存工場では、徹底した整頓活動を進め改善を定着させる。また、新設工場では躾活動に重点をおいて活動することがポイントである。

　既存工場では、モノづくりが確立しているなかで、初めて5Sを導入する、あるいは5Sをさらに活性化するには、次のようなステップで取り組むと活動が推進されQCDの成果が期待できる。

(1)導入前準備

①現地スタッフを中心に推進組織を確立する

②推進委員（現地スタッフ）への5Sの進め方の教育を実施する。教育担当者は、国内拠点で5Sを推進した経験を持つ人材が適切

(2)5Sの実施

①職場から不要なものを処分する整理活動から始める。やみくもに処分するのではなく、即廃棄基準や不要品基準および手持ち基準に基いて実施する。コミュニケーションが取りづらい海外では、基準を明確化し活動を進めていかないと混乱を招いてしまう

②必要なものだけの環境を整えたら、現状の整頓の決まり事などを参考に、置き場・置き方・表示などを明確化した整頓基準を作成する（**表1**）。整頓を進める際は、活動計画を立て担当者、日程などを決めて実施する（**写真1**）

③清掃は、清掃分担表で社員全員の実施事項を決め、全員参加の活動を進める。評価は、5S点検表で問題点を顕在化し、職場や個人が対策実施することを習慣化させ改善の意識と行動を根付かせる

　新設工場では、現場や事務所にすべてのもの（ライン・設備・備品など）が配置される前に、あらかじめ整頓の方法を決めておき実施する。また、部品、材料などが搬入された稼働後に物量に合わせて置き場・置き方・表示などの見直しをかける。導入は、次のようなステップで進める。

(1)導入前準備

①国内拠点の5Sをモデルに新設工場に合った整頓基準表を作成する

②現地スタッフが整頓基準に添って整頓を実施しながら、わかりやすい表示類を作成する

(2)5Sの実施

①既存工場と同様に推進組織を確立する

②推進委員が、現地社員への5S基本教育を実施する。教育は、決めたルールは守るための躾を重視し実施する（**写真2**）

③推進委員が、工場の稼働後に整頓基準表の見直しをかけ整頓を実施する

2. 5Sの活動ポイント

　5Sを定着するには、組織化された推進委員が主体的に活動する。そのため、推進委員の中から5Sトレーナーの資格を与え認定することで、権限を明確化する。また、5Sを社員全員に浸透するには、国の文化や風習を理解しながら5S基本教育を確実に実施し、指導を根気よく継続する。活動フォローは、日本人出向者が5Sトレーナーに対しOJTを通じ実施する。

　決めたルールを徹底する方法として表示に工夫をする。表示は現地語で表すが、視覚でひと目見てわかるような写真やイラストを活用し、わかりやすいルールを作り上げる（**写真3**）。

（刑部　幸夫）

第11章 目的別5S活動のポイント

表1 整頓基準表

対象場所	対象物	基準						
		置き場	置き方	表示				
				区分	表示道具	表示内容	色	表示道具サイズ
工場全体	ライン	—	—	場所表示	カンバン	建物名	白地	700mm×530mm
	安全通路	—	—	位置表示	区画線(ペンキまたはテープ)	区画表示	白	外150mm屋内100mm
	床	—	—	場所表示	ペンキ	—	緑	
	危険個所	—	—	位置表示	区画線	可動部、段差あり	黄・黒トラテープ	50mm
	運搬具(フォークリフトなど)	専用エリア	—	場所表示	区画線(ペンキまたはテープ)	フォークリフト置場	白	50mm
				現物表示	ラベル	No○フォークリフト	白地	A5(148*210mm)
生産現場	設備	—	—	場所表示	カンバン	設備名/設備管理責任者名	白地	
	仕掛品	工程仕掛品置き場	パレット置き	置場表示	立てカンバン	○○待ち品置場	白地	
				現物表示	現品票(ラベル)	現品名	白地	
	完成品	完成品置き場	パレット置き	置場表示	立てカンバン	○○製品置場	青地	
				現物表示	現品票(ラベル)	製品名	白地	
	不適合品	不適合品置き場	パレット置き	置場表示	立てカンバン	不適合品置き場	黄地	
				現物表示	不良品伝票	不良名	黄	
	工程持ち共通工具	工程工具板	掛ける	場所表示	プラダン	○○用工具板	白地	A3(297*420mm)
				位置表示	姿掛け・テプラ	工具名・サイズ	白地	18mm幅
				現物表示	テプラ	工具名・サイズ	白地	—

写真1 既存工場の整頓活動

整頓の活動計画を立て実施

写真2 新設工場の躾活動

全社員を対象に5S基本教育を実施
指導者は推進委員(5Sトレーナー)

写真3 ひと目でわかる表示例

作業台

工具置き場

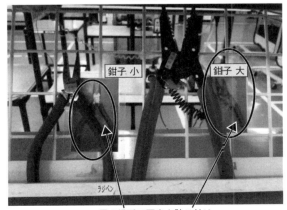

置き場所に写真を貼り付け、
戻す工具をわかりやすくする

145

第12章 5Sの先の活動

71 イノベーションを自然に沸き起こす 5S・VM(Visual Management)

5Sでリーダーシップ力を高め、マネジメントイノベーションの基盤を確立する

1. マネジメントイノベーションの必要性

国内製造業の景況感は、リーマンショック以降、人口減、為替変動、海外生産移管などの影響もあり、輸出産業を除いては厳しい状況が続いている。海外の生産拠点においても、意志疎通の難しさや離職率の高さなど、多くの課題を抱えている。

このような環境の中でモノづくり企業が勝ち残り、発展していくためには、マネジメント力、管理技術力、固有技術力の経営の3本柱をより強固にする必要がある(**図1**)。そのためには、従来の延長線上での取組みではなく、イノベーションが必要となる。イノベーションとは、本来の意味はものごとの新結合、新機軸、新しいとらえ方のことである。イノベーションの範囲は技術だけではなく、製品、販売、工程・業務、マネジメントなどのあらゆる分野だ。

2. 5Sとマネジメントイノベーション体系

イノベーションを実現するためには、いろいろなアプローチが考えられるが、マネジメントイノベーションを沸き起こして、テクノロジーイノベーション、マーケティングイノベーション、プロダクトイノベーションおよびプロセスイノベーションを加速させるやり方が最も効率的とされている。

そのエンジンとしては、多くの企業で導入され、効果を挙げているVM手法の活用が効果的だ。そしてその基盤は、5Sで確立される。そこで、VMによるマネジメントイノベーションの体系について、ねらいと展開ステップを紹介する(**図2**)。

(1)ねらい

VMによるマネジメントイノベーションのねらいは、終局的には成長力と収益力の向上および経営体質の革新である。

(2)展開ステップ1：5S・VMの推進

5S・VM活動により、管理者、監督者、担当者の問題意識、改善意識を変え、判断力、実行力および創造力を高めながら、リーダーのリーダーシップを養成することにより、職場のコミュニケーション、課題解決能力の向上を図る。5S・VMを継続することにより、各イノベーションが日常的に自然に沸き起こるようになる。

(3)展開ステップ2：VM-FMSの確立

5S・VMが軌道に乗ってきたら、VM-FMS(見えるフレキシブル生産システム→「74」)の維持管理および改善活動を推進し、生産管理、調達、製造、品質などの各部門の力を高めながら、フレキシブル生産体制を確立する。

(4)展開ステップ3：OVMSの確立

VM-FMS同様、5S・VMが軌道に乗ってきたら、OVMS(見えるオフィスマネジメントシステム)の構築として、ファイリングシステムを確立して、業務の見える化を実現し、業務改革を実施す

第12章　5Sの先の活動

る。見えない、わからないオフィスを見えるわかるマネジメントシステムにイノベートするのだ。そして、経営企画、営業、開発・設計、生産技術、人事、総務・経理の各部門の力を高めながら、トータル・マネジメント・システムを確立する。

（小坂　信之）

図1　経営の3本柱とVMよるマネジメントイノベーション

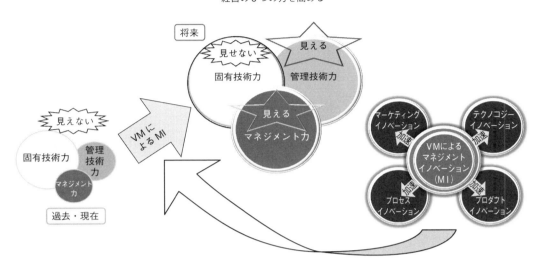

図2　VMによるマネジメントイノベーション体系

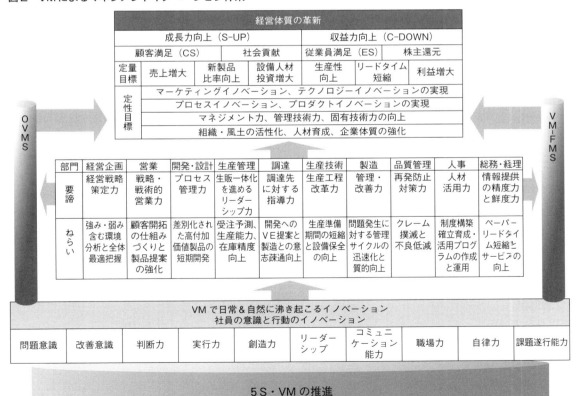

参考文献：『工場管理』2014年6月号　日刊工業新聞社

72 ファイリングシステム確立の進め方

業務の見える化、書類および業務の整理・整頓を実現するファイリングシステムの構築

1. 事務所における書類の問題点

事務所では、規程、計画書、図面、指図書などの文書や、設計審査、受入検査などの記録、すなわち書類ベースで業務が運営される。通常は、こうした書類は処理が終わるとファイルにとじられて、棚に保管され、その数は膨大なものになる。

このとき、書類のとじ方や背表紙の記入ルールが人によってバラバラであったりすると、何の書類がどこにあるかを把握し、すぐに取り出せるのは、その業務の担当者だけになってしまう。そうして、"業務の属人化"（担当者以外はよくわからない、だから上司も管理もできない）の進んだ職場が徐々にでき上がってしまう。

2. ファイリングシステムの設計と ファイリング作業の実施

そこで、単なる背表紙貼り付け活動でなく、"業務を見える化"し、かつ、書類の整理・整頓、そして業務の整理・整頓につながるファイリングの体系すなわちシステムを構築する。

(1)ファイリングシステムの設計

まずは、組織の経営機能、業務、書類の棚卸しから始める。具体的には、そうした棚卸し結果を業務分類表に落とし込む（**表1**）。このとき、機能（大分類）、業務（中分類）、書類（小分類）すべてについて、流れやPDCAサイクルを踏まえた順番を（業務分類表に）反映させることが、業務の見える化を実現する肝である。

次に、この業務分類表に基づき、部門ごとにファイル体系を設計する。具体的には、業務（中分類）ごとにファイルをとじる書類（業務ファイル）と、製品ごと、顧客ごとなどの切り口で複数の業務（中分類）すなわちプロセスに対して横断的にファイル

をとじる書類（物件ファイル）を仕分けし、それぞれ、業務ファイル体系表、物件ファイル体系表へと落とし込む。

最後に、業務ファイル、物件ファイルそれぞれで、ファイル単位に管理ルール（ファイルくくり、保管期間、保存期間、棚位置など）を設計し、業務ファイル基準表、物件ファイル基準表へと落とし込み、ファイルとじの標準化が完了となる。

(2)ファイリングの実施

以上の手続きを踏んでファイリングシステムの設計を終えたら、次に、ファイリング作業の実施である。この段階では、ファイル基準表があるため、この基準表に基づいて誰もが背表紙を作成できるようになっている（**図1**）。

(3)業務が見える棚へ生まれ変わる

背表紙の貼り付けが終わると、職場の棚に並ぶファイル背表紙を見れば、その職場の担う機能、業務が見える棚へと変わる（**写真1**）。また、保管および保存期限が各ファイルに明示されるため、期限切れも目で見てわかり、不要書類が整理された状態も維持される。

3. そして、業務の整理・整頓へ

業務分類表は、業務改善・改革のさまざまな示唆を与えてくれる。つまり、ここから重複業務や書類作成のムダが見え、業務そのものの整理（廃止、簡素化）や、整頓（分担やフローの見直し）へとつなげることができるのである。

たとえば、表1の業務分類表を例にとれば、大分類「4. 営業」＞中分類「2. 見積」配下の小分類（書類）に「ユーザ要求連絡書」がある一方で、大分類「5. 設計」＞中分類「2. 設計業務」配下の小分類に「顧客要求仕様書」がある。どちらも顧客の要求を明確化する書類であり、営業機能と

第12章　5Sの先の活動

設計機能とで重複して同じような仕事をしていることがわかる。こうした重複業務は一本化（どちらかを整理）できないか検討の余地がある。また、大分類「4. 営業」＞中分類「4. 与信調査」や、同じく中分類「5. 売掛金管理」、大分類「10. 経理」＞中分類「1. 予算管理」などの配下の小分類（書類）を見ると、依頼、計画や分析だけで終わっており、業務の仕組みとしてPDCAまで回っていないことがわかる。こうした"弱点"を強化することも業務改善の1つである。

（鈴木　秀光）

表1　業務分類表の例

大分類（機能）	中分類（業務）	小分類（書類）
		1 / 2 / 3 / 4 / 5 / 6
1 経営管理	1 方針・目標管理	○○社経営理念 / 経営基本方針書 / 工場経営方針書 / 品質方針書 / 環境方針書 /
	2 経営計画	中期経営計画 / 中期利益計画 / 年次経営計画 / 年次利益計画 / /
	3 委員会・会議体管理	会議体運営方針書 / 年間行事予定表 / 幹部会議議事録 / 生産会議議事録 / 5S・VM関係資料 / 安全衛生委員会議事MR議事録
	4 システム管理	品質マニュアル / 環境マニュアル / 内部監査計画書 / 内部監査報告書 / 是正処置報告書 /
	5 情報管理	情報セキュリティ管理規程 / リスクアセスメント手順書 / リスクアセスメント実施記録 / 情報資産台帳 / 情報インシデント記録 / システム取扱説明書
	6 法令遵守管理	新規法令情報 / 適用法令一覧表 / 法令対応計画 / 建築確認申請書 / 法令遵守評価表 /
2 研究開発	1 基礎研究	市場動向調査書 / 特許情報 / 技術開発会議議事録 / 提携共同開発リスト / コストダウン会議記録 /
	2 新商品開発	新商品開発計画 / MSDS対象物質一覧 / 原料材メーカー覧表 / 製品仕様書 / 部品表
	3 試作	製品コード登録票 / 試作依頼申込書 / 品質検証記録 / / /
	4 知財管理	業界特許情報一覧 / 特許出願記録 / 実用新案登録出願 / / /
3 設備管理	1 設備計画	設備投資計画書 / 設備更新計画書 / 競合設備投資情報 / / /
	2 設備工事・保守管理	年間保守点検計画 / 設備仕様書 / 日常点検記録 / 設備修繕依頼書 / 設備修繕報告書 / 測定器校正記録
	3 用益管理	用益設備監視規程 / 電気工作物巡視記録 / 消防設備点検結果 / 排水管理日報 / /
4 営業	1 販売計画	市場調査報告書 / 年間販売計画 / 3ヶ月販売計画書 / / /
	2 見積	ユーザ要求連絡書 / 現場図面（見積用） / 請見積書 / 見積計算書 / 発行見積書 /
	3 受注管理	受注管理規程 / 取引要請手順書 / 契約書 / 納入仕様書 / 製品補償規定 /
	4 与信調査	信用調査依頼書 / / / / /
	5 売掛金管理	売掛回収予定表 / 売掛回収遅延連絡書 / 不良売掛回収計画書 / / /
5 設計	1 設計管理	DR実施規程 / 設計マスタスケジュール / 設計出図予定表 / 図面台帳 / VA検討資料 /
	2 設計業務	顧客要求仕様書 / 製作図面 / 追加・変更依頼書 / 電気工事台帳 / 電気司装機器リスト / 承認書類
6 購買・物流	1 調達計画	購買基本方針 / 発注仕様書 / 購買先評価表 / 購買年次計画 / 購買月次計画 /
	2 受払在庫管理	注文書 / 仕入伝票 / 受入検査要領書 / 受入検査記録 / 払出台帳 /
	3 棚卸資産管理	原材料台帳 / 部品台帳 / 仕掛品台帳 / 製品在庫台帳 / 期末評価 /
	4 納品・発送管理	配車計画 / 出庫伝票 / 請求書 / 月次売上表 / /
7 製造	1 生産計画	生産計画策定手順書 / 年間生産計画策定書 / 月次生産計画書 / 月次負荷計画書 / /
	2 工程管理	日程計画書 / 製造指示書 / 進度管理表 / 操業日報 / 異常報告書 /
	3 品質管理	検査規程 / 製品検査手順書 / QC工程表 / 検査成績書 / コンプレイン回答報告書 / クレーム対応記録
	4 出来高管理	生産実績集計表 / 生産実績分析・改善書 / 製造原価明細書 / / /
8 施工管理	1 施工工程管理	工程表 / 要員管理表 / 工事作業指示書 / 物件進捗表 / 客先変更依頼書 / ヒヤリハット報告書
	2 試運転・検収	試運転要領書 / 試運転完了証明書 / 試運転トラブル記録 / 工事完了証明書 / 完成引渡証明書 / 物件完成図書
9 人事・労務	1 人員計画・採用	中長期計画書 / 年次採用計画 / 応募者提出書類 / 入社時誓約書 / 勤怠管理表 / 退職時誓約書
	2 教育訓練	教育訓練計画 / 研修委託計画 / 研修受講アンケート / 教育訓練実施記録 / 資格取得者名簿 /
	3 福利厚生管理	社会保険・生命保険 / 慶弔関係支給台帳 / クラブ・レク規定 / / /
10 経理	1 予算管理	年次予算 / 部門別月次予算 / 実行計画 / 予実差異分析 / /
	2 固定資産管理	固定資産台帳 / 固定資産増減明細 / 減価償却費計算書類 / 買掛金台帳 / 給与計算書類 / 売掛金台帳
	3 資金・出納	資金計画 / 小口現金出納帳 / 売上伝票 / / /
	4 決算	月次試算表 / 中間決算書 / 貸借対照表 / 損益計算書 / CF計算書 /
	5 税務	年間会計監査計画 / 法人税等申告納付書 / 印紙税申告納付書 / 住民税・所得税申告 / 固定資産税申告書 / 税務調査記録

（大分類1〜3は「流れ」、大分類4〜のPDCA方向を矢印で表示）

図1　背表紙作成の例

（業務ファイル）（物件ファイル）

写真1　ファイリングシステムの背表紙が並ぶ（薄いフラットファイルも工夫）

149

73 見える経営(VM)の進め方

管理技術を高めて経営の見える化を実現。人と組織はVMのプロセスでつくられていく！

1. ものの見える化から次のステップへ

　5Sのねらいである自主性・リーダーシップ・実行力などの成果が出てきたら、次のステップである経営の見える化を実施していく前提条件が整ったと言える。多くの企業で苦労するのが経営資源となる人と業務を「いかにマネジメントしていくか」であり、これは非常に難易度も高く、それだけにこの課題を解決した企業は大きな成功を手にすることができる。そして、この難題を統制し成果を上げていく革新的手法がVM(Visual Management)である。

2. 現代の企業マネジメントの問題点と方向性

　環境変化著しい現代の企業に共通する問題点は、経営に直結する重要なPDCAが見えないことによる管理技術力の低下である。多くの企業では、せいぜいP(プラン)とD(ドウ)止まりであり、改善を実行に移すためのC(チェック)とA(アクション)が機能不全となっている。また、PCマネジメントの弊害としてマネジメント力が低下したと感じる人も多いのではないだろうか。PCは情報入手が容易で便利な半面、逆に大事な管理ポイントが見えなくなったり、良質なコミュニケーションの阻害要因にもなり得る。管理技術とマネジメントの力が弱体化した企業では、業績向上や永続発展は望めない。

　そこで、パラダイムシフトと言える「改善が進まない見えないマネジメントから行動を促す見えるマネジメントに変えていく」ことが必要になってくる。これを実行し、経営革新を実現していくのがVMのコンセプトである。

3. 見える経営活動の推進

　VM活動とは、企業の全部門において「ものの見える化」「業務の見える化」「管理の見える化」を推進し、マネジメントを構成する方針・目標を設定、それを実現するためのマネジメントシステムを構築し、それを最も効果的に運用するためのプロセス管理を実施して成果を上げていく管理改善手法である(**図1**)。そして重要なことは、方針・目標もマネジメントシステムもプロセス管理も成果もすべて見える化して、マネジメントを行っていくことである。

　VM手法は、中部産業連盟が1990年代前半から段階的に体系化してきた総合プログラムであり、製造部門では生産改革を目的としたVM-FMS(Visual Management-Flexible Manufacturing System：見えるフレキシブル生産システム)、管理・間接部門/本社部門では業務革新を目指したOVMS(Office Visual Management System：見えるオフィスマネジメントシステム)を構築していくなど適用範囲は幅広く、企業経営全般の課題に対して対応可能な手法である。

　そして具体的にマネジメントを行っていく一例として、企業のすべての部門で異常・ムダ・問題点がひと目でわかる道具立てとなるVMボード(**図2**)を設計・製作し、各階層の管理・監督者が適切なアクションをタイムリーにとることができる管理体制を確立しながら、実際に日々PDCAを回す管理ツールとして活用していく。VMとは、その仕組みづくりと運用により定量成果と定性成果を可能にする経営革新手法である(**図3**)。

（吉田　修二）

第12章　5Sの先の活動

図1　VM概念図

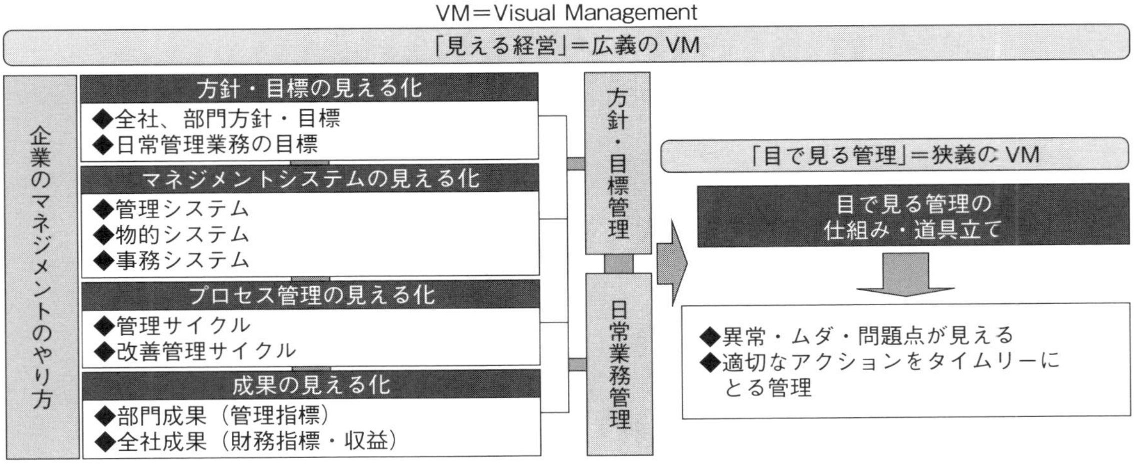

VM＝Visual Management

「見える経営」＝広義のVM

企業のマネジメントのやり方

方針・目標の見える化
◆全社、部門方針・目標
◆日常管理業務の目標

マネジメントシステムの見える化
◆管理システム
◆物的システム
◆事務システム

プロセス管理の見える化
◆管理サイクル
◆改善管理サイクル

成果の見える化
◆部門成果（管理指標）
◆全社成果（財務指標・収益）

方針・目標管理
日常業務管理

「目で見る管理」＝狭義のVM

目で見る管理の仕組み・道具立て

◆異常・ムダ・問題点が見える
◆適切なアクションをタイムリーにとる管理

図2　VMボードでの打合せ風景

異常・ムダ・問題が見える
→良質な業務コミュニケーション
→改善がどんどん進む

図3　VM活動の成果

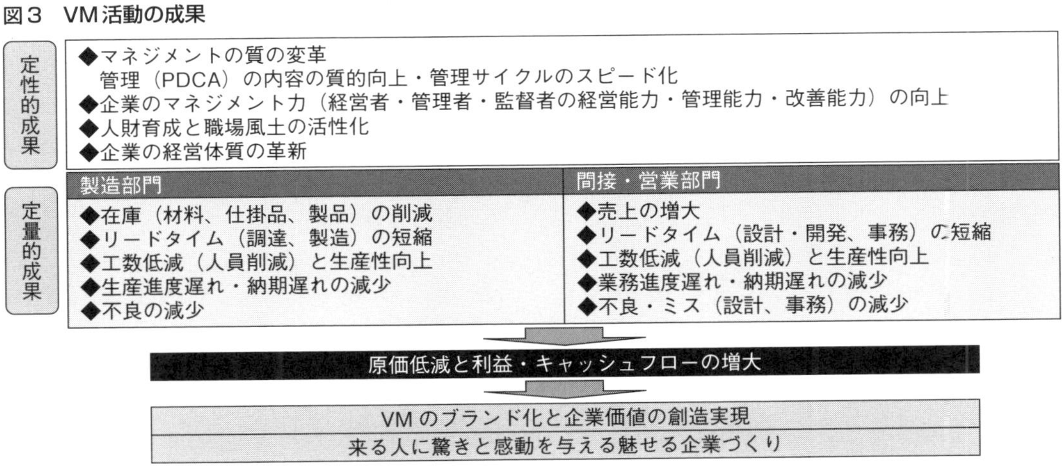

| 定性的成果 | ◆マネジメントの質の変革
　管理（PDCA）の内容の質的向上・管理サイクルのスピード化
◆企業のマネジメント力（経営者・管理者・監督者の経営能力・管理能力・改善能力）の向上
◆人財育成と職場風土の活性化
◆企業の経営体質の革新 ||

	製造部門	間接・営業部門
定量的成果	◆在庫（材料、仕掛品、製品）の削減 ◆リードタイム（調達、製造）の短縮 ◆工数低減（人員削減）と生産性向上 ◆生産進度遅れ・納期遅れの減少 ◆不良の減少	◆売上の増大 ◆リードタイム（設計・開発、事務）の短縮 ◆工数低減（人員削減）と生産性向上 ◆業務進度遅れ・納期遅れの減少 ◆不良・ミス（設計、事務）の減少

原価低減と利益・キャッシュフローの増大

VMのブランド化と企業価値の創造実現
来る人に驚きと感動を与える魅せる企業づくり

74 VM-FMS（見えるフレキシブル生産システム）構築のポイント

5Sをベースにして、生産革新ができるシステムを構築しよう！

1. VM-FMS（見えるフレキシブル生産システム）とは

生産システムを構築し、生産革新を実現するためには、まずは5Sを徹底して実施し、在庫（製品、仕掛品、材料）、消耗品、治工具類、運搬機器、工程などの表示を徹底し、最適な場所に配置し、清潔を保つ必要がある。そしてさらに、生販一体化、人材の多能化、小ロット生産化を図るとともに、生産現場のVM（目で見る管理＝狭義のVM）を推進しながら、変化に迅速に対応できるような管理システムと物的システムを構築すること、すなわち、FMS（Flexible Manufacturing System：フレキシブル生産システム）を構築することが必要である。

FMSとは「多品種少量・単納期受注と受注の変動に、極力在庫を持たずに対処しながら、見込生産から受注生産など、ありとあらゆる生産タイプにおいて、生産効率の向上とコストダウンを実現することができる生産システム」のことであり、ジャスト・イン・タイムと自動化を2本柱とする"トヨタ生産方式"の考え方も取り入れて、中部産業連盟が開発したものである。

また、近年では、VM（見える経営＝広義のVM）の重要性が一段と高まっており、生産現場全体および関連部門のマネジメントが一括してできるような目で見える職場づくり、ムダのない職場づくりを推進しながら、FMSを見えるやり方で構築して生産革新を実現する生産システムのことを、FMSの発展形＝VM-FMS（見えるフレキシブル生産システム）として定義、体系化している。

VM-FMS開発の経緯を**図1**に、VM-FMSの体系図を**図2**に示す。

図2で示すように、VM-FMSを構築することにより、受注の多品種化、小ロット化、短納期化や追加、飛び込み、取り消し、納期の変更といった受注の変動にフレキシブルに対応でき、在庫削減、リードタイム短縮、工数低減、生産性向上、品質向上、原価低減が実現し、生産革新および企業体質改革が図られるのである。

2. VM-FMS構築の進め方

VM-FMS構築の手順は以下のとおり。

① VM-FMS推進の目的、在庫削減、コストダウンなど実現したい目的・目標の明確化と実施期間の設定、および全員で取り組めるような推進組織体制の確立を図る

② 工場における現状の5S・VMおよび生産システムの改善状況を診断・評価し、課題・問題点と改善方向を明らかにする

③ 改善方向に基づき改善実施日程計画を作成し、計画的に改善案を立案し、具体化・実施を図る

VM-FMSはすべての製造業において実施できるシステムであるが、自部門がどの生産タイプ（生産形態）か把握した上で、管理重点を検討し、特性に見合ったシステムを構築することが必要である。

また、VM-FMS構築の着眼点を**表1**に示す。詳細は参考文献を参照のこと。

（寒河江　克昌）

参考文献：『多品種少量生産の生産管理改善』、『新まるごと工場コストダウン事典』（ともに五十嵐瞭著、日刊工業新聞社刊）

第12章 5Sの先の活動

図1 VM-FMS開発の経緯

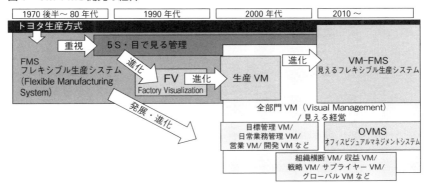

図2 VM-FMSの体系図

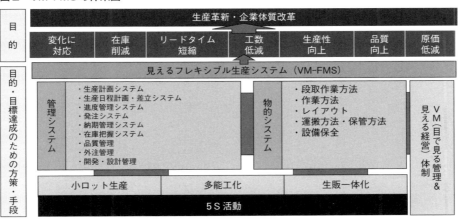

表1 VM-FMS構築の着眼点

	項目	チェックポイント		項目	チェックポイント
基本的要件	①5S	○チェックリストによりチェック	物的システム	①レイアウト	○配置替えの容易なレイアウト
	②目で見る管理(VM)	○チェックリストによりチェック			○スペース効率の良いレイアウト
	③小ロット生産	○ロット分割生産とパー割り生産の実施			○多工程持ち、多台持ちのできるレイアウト
	④多能工化	○スキルマップと多能工訓練計画の作成と掲示			○流れ系列式レイアウト
		○職場内多能工化と職場間多能工化の推進			○管理のやりやすいレイアウト
		○フレキシブルな人員配置		②段取作業方法	○外段取り化の推進と外段取り作業の改善
	⑤生販一体化	○受注予測の実施による販売計画の精度向上			○内段取り作業そのものの改善
		○生産・販売・在庫計画の作成		③運搬方法	○取扱い作業の減少
		○オーダーエントリーシステムの確立			○運搬距離の短縮
		○生販会議の開催			○小型で機動力があり、小回りのきく運搬機器の採用
		○緩急順方式の採用と窓口部門の設置			○運搬の専任化、集約化
管理システム	①生産日程計画・差立システム	○計画サイクル期間の短縮			○運搬の自動化、流れ化
		○小ロット生産日程計画の確立			○運搬の削減、廃止
		○バックワード式日程計画の確立と厳しい基準日程の採用		④保管方法	○活性の高いものの置き方
		○厳しい標準時間の採用による差立の充実			○保管場所の明確化と保管スペースの規制
		○先行手配の廃止			○先入れ・先出しや取り出すことが容易な保管方法
	②発注システム	○発注サイクル期間、取入指示サイクル期間の短縮			○保管場所の集約化
		○概略発注分割取入方式の採用			○適合性のある保管具の採用と標準荷姿の設定
		○生産日程計画に即応した取入計画の確立		⑤作業(加工)方法	○ムダな動作の排除
		○発注の小ロット化と調達リードタイムの短縮化の推進			○多工程持ち、多台持ちの実施
	③進度管理システム	○リアルタイムでの進度管理システムの確立			○1個流し作業方式の導入
		○遅れ状況、完成予定日が容易にわかるシステム			○少人化ラインの設置
	④納期管理システム	○カムアップシステムの確立			○工程のライン化の推進
		○納入状況の早期チェックシステムの確立			○機械設備・ラインの汎用化と自動化の推進
		○遅れ材料・部品、納入予定日の容易にわかるシステムの確立			
	⑤在庫把握システム	○タイムリーに在庫把握ができるシステムの確立			
		○帳簿在庫の精度向上を実現するシステムの確立			

75 OVMS(見えるオフィスマネジメントシステム)構築のポイント

本社、管理・間接部門の改革成功のカギは、推進手順に従った仕組みづくり！

1. OVMS確立の必要性

日本企業の本社部門や工場の管理・間接部門の多くは、工場の生産現場と比べるとカイゼン活動をほとんど実施してこなかった。そのため、**表1**のような問題が散見され、当該部門の生産性は低く、欧米諸国と比べても劣っている。今後は、職場環境、社員の意識、組織風土、業務と管理のやり方、この4つの改革を行うことが必要である。

そのためには、VM活動を推進してOVMS(Office Visual Management System：見えるオフィスマネジメントシステム)を構築し、迅速かつ正確な業務処理と問題解決を図っていくための業務および管理のやり方を実現しなければならない。

2. ステップ1：5SでもののVM化

OVMS構築のポイントは、**図1**のステップを実施することである。すなわち、5Sで探すムダ、スペースのムダ、在庫のムダなどを削ぎ落とし、意識を変え、行動を変えることが第一歩である。そして、「意識改革が図られることで、改善・改革をやり抜く力が身に付く」のである。

つまり5Sができていない、すなわち仕事で使うもの(事務用品、備品など)が目で見てわからない職場、問題意識を抱かない組織風土で業務改革を進めてもほとんど成果は生まれないと言っても過言ではない。このように、5Sの推進はOVMSを構築する上で、その意義は非常に大きい。

3. ステップ2：ファイリングシステム確立で業務のVM化

ファイリングシステムの目的は、書類探しのム

ダ排除、事務所スペースの効率的な活用だけでなく、情報を共有化し、誰でも効率的に活用できるようにすることである。また業務そのものの見直しや効率化、平準化、標準化の推進である。

4. ステップ3：管理・改善のVM化

VMの目的は、管理すべき業務を明確にし、問題点を顕在化させ、良質な管理サイクルを迅速に回すことである。そして、管理・監督者のマネジメント力、すなわち問題解決力と対策実行力を高め、リーダーシップを発揮して予防的、組織的なマネジメントを日々実施していくことである。

5. ステップ4：本格的な業務改革の推進

ステップ1〜3のVM化で業務遂行上のムダが排除され、業務と管理が見えることにより、業務の廃止、統合、簡素化などがかなり進む。そこで、ステップ4では業務の本質内容について、体系的かつ重点的に演繹的手法と帰納的手法アプローチを駆使して、次の手順で改革を推進する(**図2**)。

①目的、推進体制の明確化
②経営機能検出
③経営機能・業務分析
④業務プロセス分析
⑤業務量分析
⑥問題点の摘出と改善案の策定
⑦改革の実施

(小島　康幸)

参考文献：『「見える化」で管理・間接部門まるごと大改革』五十嵐瞭、小坂信之、小林啓子著　日刊工業新聞社

第12章　5Sの先の活動

表1　本社、管理・間接部門の問題点

ムダが多い

整理・整頓がなされていないこと、書類が多いこと、仕事のやり方がまずいことなどから、種々のムダが発生しており、業務の生産性が低く、管理・間接費用が増大して高コスト体質になっている

意識改革が図られていない

管理者および一般社員の仕事のやり方や職場環境に対する規律意識、問題意識、改善意識、コスト意識などが低い

属人化した仕事のやり方である

仕事が属人化され、情報の共有化と標準化が図られていないため、管理者による予防的かつ組織的なマネジメントが十分に行われていない

図1　OVMS構築のステップ

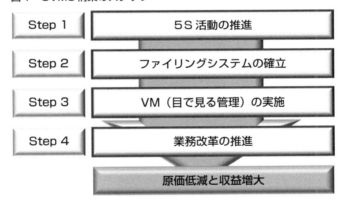

図2　OVMSを導入した事務所のイメージ

155

索 引

あ行

あいさつの極意	122
安全委員会	14
安全管理	14
安全の確保	10
安全パトロール	14
安全用具の整頓	134
一斉清掃	102,108
イノベーション	146
運搬活性	93
運搬具の整頓	96
営業部門の5S	34
エリア別の整頓	80
オアシス運動	122
置場表示	76
汚染源対策	102,110

か行

加工仕掛品の整頓	83
加工職場の整頓	30
型・治工具・刃具・検具の整頓	98
管理のバロメータ	8
機械加工職場の整頓	82
企業イメージの向上	10
KYT（危険予知訓練）	14
技術部門の5S	36
業務改善	142
業務書類	100
業務ファイル	148

業務分類表	149
共用部分	42
共有事務用品の整頓	101
区画線	80
組立職場の整頓	30
原価の低減	11
検査具の整頓	87
検査合格品	90
検査職場	86
検査職場の整頓	86
検査不合格品	86
検査待ち品	86
現状の5Sレベルの評価	132
5S委員会	40
5S委員長	40
5S活動管理板	44
5S活動規約	48
5S活動星取表	58
5Sコンクール	130
5Sの実施計画	22
5S実施・定着プログラム	20
5S準備プログラム	20
5S推進委員	40
5S推進事務局	40
5S推進の全体プログラム	20
5S推進ブロック	42
5S推進マニュアル	48
5Sタイム	46
5S月次活動計画	56

5S点検チェックリスト	58	仕掛品の整頓	92
5S点検	128	仕掛品の定義	92
5S道具	50	自主点検	128
5Sとは	12	躾のチェックリスト	121
5Sトレーナー	144	躾の定義	118
5Sニュース	54	指定席化	72,84,100
5S年間活動計画	56	指摘カード	119
5Sの維持・定着	126	指摘事項管理表	58
5Sの基本的な着眼点	12	事務現場の5S推進の重点	27
5Sの基本手順	18	事務現場の整頓基準	74
5Sの心	6	事務現場の役割・使命	26
5Sの最大のねらい	8	事務職場のムダ	143
5Sの推進ブロック化	42	事務所の整頓	100
5Sの組織化	16,40	社員の自主性の向上	8
5Sの対象物	24	重大災害	14
5Sの直接的目的	10	職場のマナー	124
5Sの定義	12	書類の問題点	148
5Sの定義と基本着眼点	13	姿絵置き	72,100
5Sのねらい	24	姿彫り置き	72
5Sの問題点	16	スリーピングストック	136
5SPR	22	清潔の定義	112
5Sレベルアップ	132	生産現場の5Sの推進の重点	27
故障の撲滅	10	生産現場の整頓基準	74
個人机エリアの整頓	100	生産現場の役割・使命	26
個人机の事務用品の整頓	101	生産タイプ別5Sの重点	18
個人机の整頓基準	75	清掃手順	104
個別受注産業の5S	32	清掃点検の見える化	115
個別生産型組立職場の整頓	84	清掃の種類	106
		清掃の定義	105
さ 行		清掃ルール	102
在庫の削減	10	清掃ルール・点検表	106
材料・部品・完成品の整頓	90	整頓基準	74
先入れ先出し	93	整頓の3要素	25
3Sの手順	18	整頓の定義	70
参考書類	100	整頓の手順	70
仕掛書類	100	整理の定義	60
仕掛書類ボックス	100	整理の手順	60

設備清掃···········110
設備保全のための5S·····140
背表紙···········148
総合的バロメータ·······138
倉庫職場の整頓·······88
相互点検··········128
装置産業における5S·····28
組織の活性化········11

た行

吊り具の安全管理······83
デッドストック·······136
手持ち基準表·······62
トップの5Sパトロール····128

な行

日常清掃··········108
納期の確保·········10
能率の向上·········10

は行

発注在庫基準·······74
ピカピカ作戦·······114
ピカピカな床・通路·····116
標語・ポスター·······52
表示基準········70,74
表示の徹底·········72
表示方法··········70
表示率···········72
品質の向上·········10
品性、品格のバロメータ····6
ファイリングシステム·····148
ファイル体系·······148
不安全行動········134
不具合・微欠陥リスト····115
物件ファイル·······148
不要品一掃作戦·······66

不要品一覧表········69
不要品基準表·······62
不要品伝票·········66
不要品判定·········68
不良品の整頓········94

ま行

マネジメントイノベーション··146
マネジメントイノベーション体系··146
見える経営＝広義のVM···152
目で見る管理＝狭義のVM··76,152
モデル職場の5S活動·····38
モラールの向上·······11

や行

指差呼称··········134
予備品の整頓········29

ら行

ライン型組立職場の整頓···84
ライン、工程、設備表示···76
ランニングストック·····136
リーダーのリーダーシップ養成··8
リードタイム短縮·····10,138
良好なチームワークづくり···8
ロケーション設定基準····74
ロケーション番号······78

欧文

FMS···········152
OVMS········142,154
PDCA···········44
PQCDSM·········72
VM···········150
VM-FMS·········152

■写真提供企業一覧　（五十音順）

飯島・東洋㈱	王子エフテックス㈱
王子タック㈱	カナエ工業㈱
㈱カナエフーズ	菊地歯車㈱
京王製紙㈱	㈱幸大ハイテック
㈱興和工業所	国産機械㈱
㈱埼玉富士	㈱三和ケミカル
㈱松栄堂	㈱全農・キユーピー・エッグステーション
㈱ソーシン	一般社団法人中部産業連盟
中野工業㈱	日本鏡板工業㈱
パイオニア㈱	パイオニアファインテック㈱
㈱原田伸銅所	扶桑工業㈱
松永製菓㈱	㈱マルサン木型製作所
武蔵オイルシール工業㈱	矢崎化工㈱
㈱吉川	リンナイ㈱

■参考文献

「まるごと5S展開大事典」中部産業連盟編、日刊工業新聞社
1992年「工場管理」7月別冊
2015年「工場管理」10月臨時増刊号

■執筆者一覧

一般社団法人中部産業連盟

五十嵐　瞭	元専務理事	マネジメントコンサルタント
小坂　信之	専務理事	主幹コンサルタント
山崎　康夫	元理事	マネジメントコンサルタント
佐藤　直樹	執行理事　東京事業部長	主席コンサルタント
丸田　大祐	東京事業部	上席主任コンサルタント
伊東　辰浩	東京事業部	主任コンサルタント
刑部　幸夫	東京事業部	マネジメントコンサルタント
小島　康幸	東京事業部	主任コンサルタント
藤田　伸之	東京事業部	主任コンサルタント
吉田　修二	東京事業部	マネジャー
寒河江克昌	東京事業部	マネジャー
山口　郁睦	執行理事　名古屋本部	主席コンサルタント
黒田　啓介	名古屋本部	主任コンサルタント
鈴木　秀光		
鈴木　理能		
今泉　宏之		

一般社団法人中部産業連盟 東京事業部

【連絡先】
〒102-0083
東京都千代田区麹町3-3-8　麹町センタープレイス3F
TEL：03-5275-7751
FAX：03-5275-7755
e-mail：tokyos@chusanren.or.jp
ホームページ
　　中産連：http://www.chusanren.or.jp
　　中産連・東京：http://www.chusanren.or.jp /tokyo/index.html

新 まるごと5Ｓ展開大事典

2016 年 6 月 25 日　初版第 1 刷発行	（定価はカバーに表示してあります）
2025 年 1 月 24 日　初版第 5 刷発行	

ⓒ編　者　　　　中部産業連盟
　発行者　　　　井 水 治 博
　発行所　　　　日刊工業新聞社　〒103-8548 東京都中央区日本橋小網町14-1
　　　　　　　　書籍編集部　　　電話　03-5644-7490
　　　　　　　　販売・管理部　　電話　03-5644-7403　FAX　03-5644-7400
　　　　　　　　URL　　　　　　https://pub.nikkan.co.jp/
　　　　　　　　e-mail　　　　　info_shuppan@nikkan.tech
　　　　　　　　振替口座　　　　00190-2-186076
　印刷・製本　　新日本印刷
　カバーデザイン　志岐デザイン事務所
　本文イラスト　　小林恵子

万一乱丁・落丁などの不良品がございましたらお取り替えいたします。
ISBN 978-4-526-07578-0　C3034　NDC 509.6　2016 Printed in Japan
本書の無断複写は、著作権法上の例外を除き、禁じられています。